MON CAHIER SOPHRO

PAULINE VALDAIRON

ILLUSTRATIONS
ISABELLE MAROGER (COUVERTURE)
ET SOPHIE RUFFIEUX (INTÉRIEUR)

SOLAR
EDITIONS

SOMMAIRE

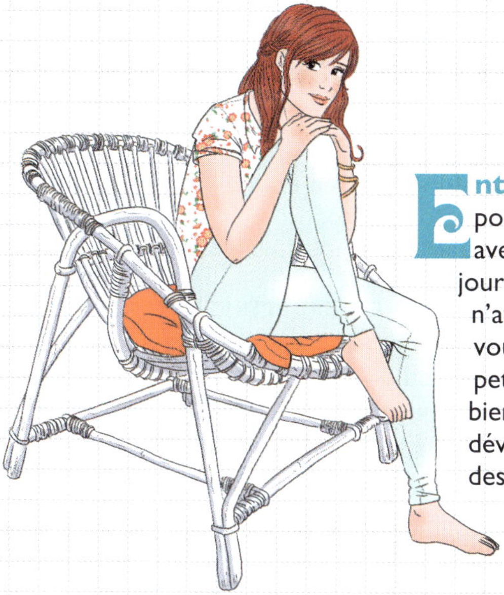

Introduction

Entre la course au bureau, dans les transports, pour arriver à votre séance de yoga ou à l'apéro avec les copines, votre agenda est overbooké et votre journée une succession de stress. C'est simple, vous n'avez pas une minute pour vous et vos émotions vous bousculent en permanence. Vous rêvez d'une petite bulle de détente et de cocooning ? Ça tombe bien, la solution existe : la sophrologie ! Méthode de développement personnel spéciale antistress et gestion des émotions, c'est l'arme fatale pour trouver l'harmonie body & mind. Son atout ? Elle vous aide à vous sentir complètement bien dans votre corps, votre tête et votre cœur en même temps.

Fondée sur la respiration, la relaxation, la méditation, la visualisation et la pensée positive, la sophrologie rassemble toutes les meilleures techniques de bien-être, ce qui en fait une méthode hyper puissante ! Il suffit de quelques minutes par jour pour gérer votre stress quotidien, calmer vos émotions, booster votre positive attitude, renouer avec votre féminité et développer votre confiance en vous. La sophro, c'est un outil formidable qui change toute votre philosophie de vie !

Le must : on vous a concocté plein de petits rituels feel good, de phyto, de méditation, de yoga, de food végé… pour optimiser les effets de la sophrologie et vous cocooner au maximum. Enjoy !

Test : Quelle sophro-girl êtes-vous ?

La vie d'une active woman n'est pas de tout repos. Alors, stressée un peu, beaucoup ou à la folie? À quel point avez-vous besoin de sophro dans votre vie?

Êtes-vous de nature stressée?

■ Ça dépend des événements de la journée, si j'ai un entretien d'embauche ou une grosse présentation.

● Je suis la cool attitude incarnée. Pourquoi s'inquiéter? Il existe toujours une solution.

▲ Oh oui, presque tout le temps!

Vous avez mal à la tête…

● Seulement quand je suis malade, au fond de mon lit!

▲ J'ai souvent des migraines en fin de journée.

■ De temps en temps, je me repose un peu et ça passe!

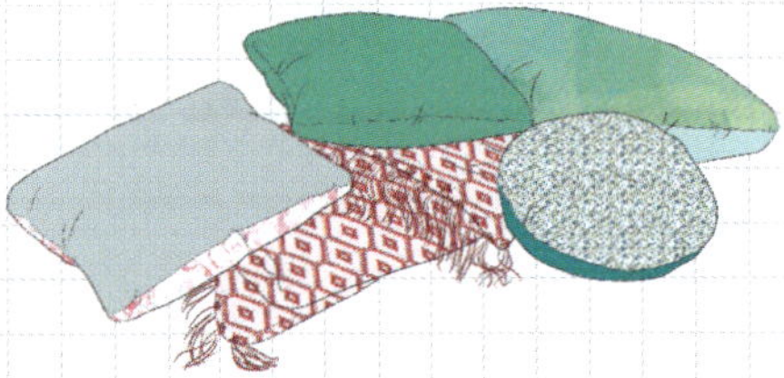

Niveau sommeil…

■ Il m'arrive de ressasser un peu, mais je finis par m'endormir et je dors tranquillement jusqu'au lendemain.

● Une vraie marmotte. Je suis sur un nuage pendant au minimum 8 heures, la couette est si douillette!

▲ Au secours, je suis insomniaque! J'ai du mal à m'endormir et je me réveille la nuit.

Grève des transports! Vous pensez :

● «De toute manière je ne suis pas du matin. J'ai une bonne excuse pour rester au lit plus longtemps, la tête dans mon oreiller…»

■ «Ah tiens, je n'étais pas au courant. Ce n'est pas très grave. J'en profiterai pour acheter mes magazines chouchous au kiosque, faire une pause au café de la gare et méditer. J'arriverai quand j'arriverai…»

▲ «Le stress! Il faut que je me lève deux heures plus tôt pour prendre la voiture, quitte à attendre 1 heure l'ouverture des bureaux!»

La veille d'un rendez-vous important, votre mood…

● Cool! Vous aviez zappé, mais vous avez confiance, tout va bien se passer!

▲ C'est la panique! Ventre noué, vous ruminez et ne trouvez pas le sommeil.

■ Vous vous détendez en invitant une copine pour un apéro dînatoire improvisé, histoire de vous changer les idées!

Votre boss vous appelle un dimanche matin...

● Vous ne répondez pas, c'est le week-end! À lundi.

▲ Vous décrochez direct. Vous vous attendez au pire!

■ Vous êtes avec des amies, vous rappellerez plus tard...

Le matin, quand vous faites plusieurs choses à la fois, c'est en général...

■ Profiter de vous habiller pendant que votre café coule. Comme d'hab', vous le boirez tiède!

● Regarder silencieusement par la fenêtre, une tasse de thé à la main. Vous savourez le calme le matin!

▲ Écouter la musique, appeler une copine et vous maquiller en même temps. Vous avez carrément oublié votre café. Tant pis, ce sera l'occasion de le prendre avec les collègues au bureau!

Avez-vous tendance à ruminer vos pensées?

● Non, pour quoi faire? Vous ne pouvez rien changer au passé, et vous verrez bien le futur quand vous y serez. YOLO!

▲ Tout le temps! Incapable de lâcher prise, vous ressassez sans arrêt les mêmes pensées, vous demandant pourquoi Untel a dit telle chose, comment vous auriez dû réagir à tel événement, imaginant des scénarios catastrophe...

■ Ça arrive parfois, mais vous savez que sortir vous aérer finira toujours par vous changer les idées!

Pour les vacances, vous choisissez...

● L'Inde, pour un voyage spirituel en quête de bien-être, de force intérieure et de silence.

▲ Dubaï, pour son shopping de luxe et sa vie nocturne animée.

■ Le Brésil, pour sa célèbre plage de Copacabana et son esprit festif.

Pour vous, le combo gagnant d'un moment de détente, c'est...

● Musique douce, encens, tisane détox, lecture et chaussettes en pilou.

■ Des coussins, un canap', téléphone à la main et masque d'argile sur le visage.

▲ Un verre avec les copines pour refaire le monde!

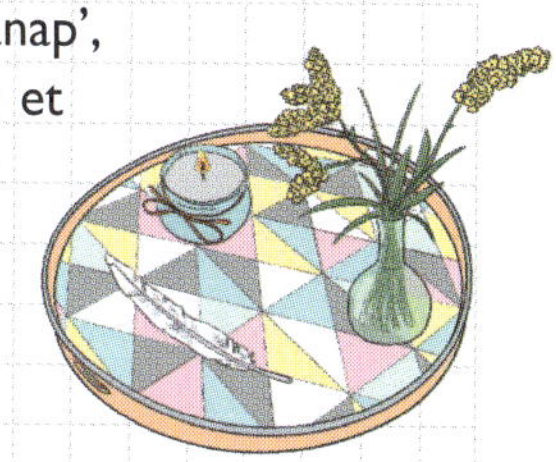

Quels adjectifs vous qualifient le mieux?

▲ Élégante, honnête, intelligente et stressée.

● Gracieuse, naturelle, douce et spirituelle.

■ Charmante, drôle, originale et énergique.

Faites les comptes!

◆	●	■

Vous avez une majorité de ● :

Vous avez besoin de booster votre positive attitude !

Vous êtes sur la voie du bien-être. Vous vous sentez bien dans votre corps et dans votre vie, ou en tout cas vous aimez expérimenter les méthodes de bien-être, et travailler votre développement personnel vous intéresse. Vous avez un bon équilibre général. Se mettre à la sophrologie quand tout va bien, c'est possible ! L'idée ? Rendre une sensation de bien-être et de sérénité vraiment durable et booster sa vie. Vous trouverez dans ce cahier des programmes spécifiques pour booster vos émotions positives et travailler votre force mentale. Objectif happiness !

Vous avez une majorité de ■ : *Vous avez besoin de vous cocooner.*

Attention, le stress vous guette ! À force de vouloir tout contrôler, vous gaspillez votre énergie et vous perdez votre cool attitude. Votre esprit est trop occupé et vous commencez à fatiguer. D'ailleurs, votre corps vous envoie les premiers signaux d'alerte. Pause ! Il est temps de vous créer une bulle de bien-être quotidienne grâce à des rituels et programmes cocooning que vous trouverez dans ce cahier. Il est temps de vous occuper de vous !

Vous avez une majorité de ▲ : *Vous avez besoin de déstresser !*

Vous êtes hyper stressée ! Vous avez tendance à vivre à cent à l'heure, et dans cette course folle, vous vous oubliez ! Résultat : vous ruminez les petites vexations ou ressentez de la colère quand les choses ne se passent pas comme vous l'aviez imaginé. Vous êtes fatiguée et un rien vous énerve, vous êtes sans arrêt en train de douter de vos capacités… C'est le moment idéal pour vous mettre à la sophrologie. Objectif relax ! Grâce à un programme antistress et un week-end feel good, vous allez vous détendre, prendre du temps pour vous et vous sentir bien ! Le must, c'est que la sophrologie va aussi vous aider à reprendre confiance en vous !

Chapitre 1

La sophro, c'est quoi ?

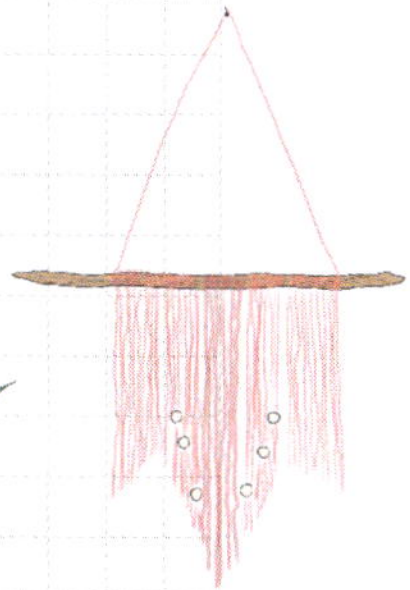

Depuis plusieurs années, la sophrologie est devenue la méthode feel good tendance. C'est un vrai petit miracle pour booster son bonheur, être mieux dans ses Stan Smith et plus détendue en quelques minutes par jour. Tentant non ? Non seulement c'est une méthode SOS en situation de crise, mais c'est aussi un training feel good quotidien qui permet de développer les émotions positives et la force mentale !

Une question d'harmonie

Sophrologie signifie « étude de l'harmonie de la conscience ». En bref, il s'agit de créer l'harmonie en vous, de faire en sorte que vos pensées, vos émotions et votre corps soient en phase. L'objectif : vous sentir bien dans votre corps et dans votre esprit, et même avancer dans votre vie.

En mode body & mind

La sophrologie est une méthode psycho-corporelle, c'est-à-dire qu'elle travaille sur le corps et sur l'esprit. Elle est utilisée comme technique thérapeutique, pour soigner (votre stress par exemple, les angoisses comme les crispations, les tensions), comme approche de développement personnel (elle permet d'apprendre à mieux se connaître en vue de devenir la meilleure version de soi-même) ou encore comme philosophie de vie (elle nous apprend à vivre en phase avec nous-même, en écoutant nos ressentis, nos émotions et nos besoins au quotidien).

La conscience, qu'est-ce que c'est, au final ?
La conscience, c'est votre perception de vous-même et de votre environnement, votre manière de vous identifier et votre façon de penser. La conscience vous offre la capacité d'agir sur vous-même pour vous transformer !

Il était une fois...

D'abord une méthode psy...

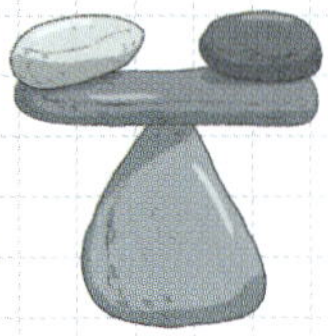

Le mot « sophrologie » a été créé en 1960 par Alfonso Caycedo, un neuro-psychiatre, qui cherchait une façon douce et plus efficace de soigner ses patients. Refusant les traitements violents de l'époque, qui, selon lui, altèrent la conscience, il développe une approche pour améliorer le bien-être.

... inspirée de méthodes occidentales...

La sophrologie a été inspirée par des techniques occidentales déjà connues et prouvées, telles que l'hypnose, le training autogène de Schultz (méthode de relaxation par l'autohypnose), la relaxation de Jacobson (où l'on utilise la sensation de relâchement musculaire après une tension volontaire) ou encore la suggestion positive de la méthode Coué.

... et aussi des techniques feel good asiatiques millénaires !

À la suite d'un long voyage initiatique en Asie, en Inde, au Tibet et au Japon, là où, depuis des siècles, on s'intéresse à la conscience, Alfonso Caycedo s'est formé à des techniques comme le yoga, la méditation, le bouddhisme et le zen et s'en est inspiré pour enrichir sa méthode, avec la respiration, le mouvement, la pleine conscience, la concentration, la contemplation, l'intégrité...

En sophrologie, différentes postures sont directement inspirées des pratiques asiatiques !

Bref, la sophro, c'est un mix d'Asie et d'Europe, de techniques millénaires et modernes, et l'utilisation d'un maximum de méthodes. Un concentré d'efficacité et de bien-être !

Les 4 principes de la sophro

Les principes fondateurs de la sophrologie ont pour but de vous découvrir vous-même, de maîtriser vos émotions et de développer toutes vos ressources intérieures insoupçonnées pour les mettre en œuvre dans votre vie et vous transformer ! Chaque exercice vous amène à faire de nouvelles expériences et à en apprendre plus sur vous-même, quel que soit votre objectif !

1. Je prends conscience de mon corps

Le corps est fondamental en sophrologie. À la base de la sophrologie : écouter ses sensations physiques et laisser s'exprimer ses émotions à travers le corps. C'est ce que vous serez invitée à faire à chaque pratique. La sophrologie vous incite à prendre conscience de votre corps, de ses limites, et permet de l'accepter tel qu'il est. Le but ? Vivre harmonieusement avec son corps, arrêter de le maltraiter ! Vous avez tendance à toujours vous trouver « trop » ou « pas assez » ? Stop ! Avec la sophro, vous allez prendre en compte votre corps tout entier et l'accepter tel qu'il est !

2. Je prends du recul

Facile à dire ? Et pourtant… La sophrologie vous amène dans un état de « conscience modifiée », entre veille et sommeil. Vous avez sans doute déjà vécu ce moment en voiture, où vous vous demandez : « Comment je suis arrivée là ? », tant vous étiez dans vos pensées ? C'est le niveau sophro-liminal que l'on utilise en sophrologie. Le niveau sophro-liminal est un état de retrait, de recul, un espace depuis lequel on peut mettre de la distance avec ses soucis et ainsi ouvrir son esprit à d'autres possibilités, plus positives ! Cela permet donc de se détacher de ses émotions le temps d'analyser les circonstances et d'envisager des solutions, grâce à un regard nouveau, plus raisonné et objectif. C'est « la réalité objective ». Facile, finalement, non ? Vous pourrez tenter l'expérience uniquement en séance avec un sophrologue, même si vous vous sentirez déjà un peu endormie après quelques pratiques de relaxation de ce cahier !

3. Je renforce le positif qui est en moi

Se sentir bien dans son corps, ok, mais il faut aussi se sentir bien dans sa tête. En effet, le corps et l'esprit interagissent en permanence. Il vous suffit d'insuffler une action positive à votre corps pour voir les répercussions positives sur votre esprit, et *vice versa* (imaginez-vous au spa lors d'un massage : est-ce que ce massage n'a pas une influence positive sur votre esprit ? Est-ce que vous ne vous sentez pas détendue dans votre corps, mais aussi plus calme, mieux dans votre tête ?). Ce lien ouvre des possibilités infinies pour améliorer le bien-être mental et la positive attitude. Ainsi, on peut trouver de nouvelles énergies, booster la confiance en soi, la motivation, la force mentale… C'est l'idée de l'action positive ! Magique, non ? Je vous propose d'ailleurs p. 33 tout un programme sophro de positive attitude !

4. J'avance à petits pas vers mes grands objectifs

Qu'il s'agisse de reprendre le sport, de perdre des kilos superflus, d'écrire un livre ou d'adopter la zen attitude... Inutile de vous fixer de grands objectifs radicaux, qui non seulement requièrent une énergie considérable mais aussi génèrent la peur de l'échec. Stop à la pression ! Même si votre objectif vous demande de sortir de votre zone de confort, la sophrologie vous permet de découper en étapes chaque grand objectif afin d'évoluer, de changer, de vous adapter à de nouvelles façons de penser et de vous comporter de manière à... atteindre vos rêves ! Pensez à appliquer ce principe lors de vos visualisations, par exemple (p. 39 : « Je programme ma journée », p. 62 : « Je booste ma confiance », p. 61 : « Je développe mes valeurs au féminin »), en découpant par étape chacun de vos objectifs...

Comment ça marche ? Les 4 techniques de la sophro

La sophrologie emploie un ensemble de techniques qui agissent à la fois sur le corps et l'esprit. Toutes permettent de retrouver un état de bien-être, d'activer tous vos potentiels et de relever vos défis de vie !

Ma technique de respiration

Respirer est un acte banal, que vous effectuez sans y penser depuis votre premier souffle. Et pourtant, la respiration joue un rôle essentiel pour votre vie. Saccadée, calme ou profonde : votre respiration reflète votre état émotionnel. Lorsque l'esprit se concentre sur la respiration, le corps et l'esprit ne font qu'un, ce qui permet de mieux gérer le stress et de retrouver le calme. C'est la base de la sophrologie. C'est pourquoi chacune de vos séances commencera par trois grandes respirations en conscience, en sentant l'air frais qui entre et ressort par vos narines. Pensez-y à chaque séance !

Je respire dans le bon sens

La respiration, c'est hyper symbolique ! Tout d'abord, l'expiration représente le nettoyage : elle permet l'élimination des déchets physiques (CO_2), mais aussi, symboliquement, des déchets mentaux, car elle permet de s'abandonner, de libérer les émotions réprimées et les pensées parasites. L'inspiration vient d'elle-même, elle permet de recevoir ce qui nourrit le corps (l'oxygène). Elle symbolise la vie, la naissance et le don. Il est donc important de respirer dans le bon sens, en commençant toujours les mouvements respiratoires par une expiration. Veillez donc à expirer, souffler, ou soupirer avant toute pratique !

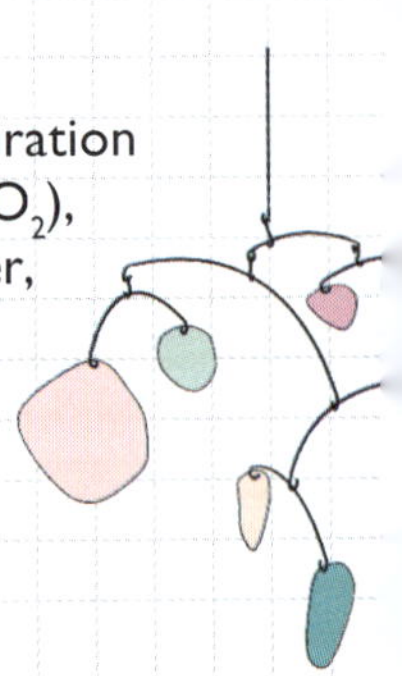

J'apprends à respirer dans les 3 « étages » de ma respiration

La respiration à 3 étages est un exercice de base en sophro qui permet de bien prendre conscience de son souffle et des sensations qu'il crée dans le corps. Dans les séances du livre, on utilisera la respiration abdominale (le 1er étage), mais maîtriser toutes les respirations de tous les étages permet aussi de mieux appréhender la respiration abdominale. En bonus, pratiquer la respiration complète au quotidien est très relaxant !

1er étage : la respiration abdominale

Vous en avez probablement déjà entendu parler. Il s'agit de respirer par le ventre, en le gonflant. La respiration abdominale contribue naturellement à la détente et à la relaxation grâce aux mouvements de contraction et de décontraction du diaphragme. C'est la plus efficace pour s'ancrer dans le corps, se calmer et déstresser. Pensez à activer votre respiration abdominale durant vos séances de sophro !

Let's go !

En position allongée, posez une main sur votre ventre. Fermez les yeux. Concentrez-vous sur la région de votre ventre. Fermez la bouche et inspirez lentement par le nez en laissant votre ventre se gonfler (ne gonflez pas votre poitrine). Gardez l'air quelques secondes à l'intérieur de vos poumons, puis expirez par la bouche en laissant votre ventre se dégonfler. Continuez en observant le mouvement de va-et-vient de votre souffle et de gonflement de votre ventre. Votre respiration doit rester profonde et harmonieuse. Pratiquez la respiration abdominale entre 5 et 10 minutes par jour pour que votre corps et votre souffle ne fassent qu'un !

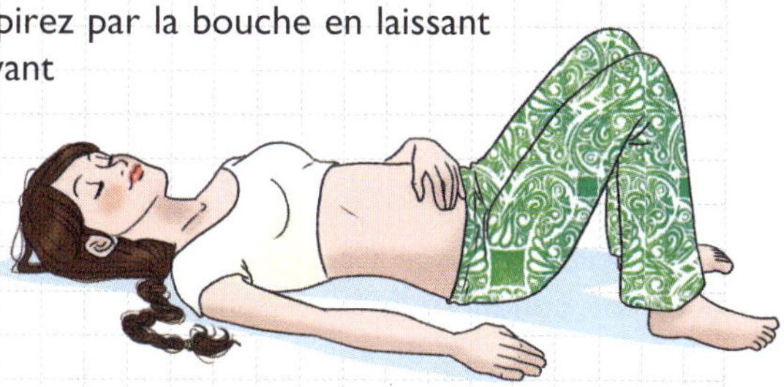

2e étage : la respiration thoracique

Bien utilisée, la respiration thoracique permet d'extérioriser les tensions dans la poitrine dues au stress.

Let's go !

En position allongée, posez vos mains à plat sur le côté de vos côtes. Relâchez les épaules, les coudes et les bras. Laissez votre ventre monter et descendre librement au rythme de votre respiration et concentrez-vous uniquement sur l'amplitude du mouvement de vos côtes, qui se soulèvent et s'écartent à l'inspiration, puis se relâchent à l'expiration. Concentrez-vous sur les ressentis. Pratiquez 10 respirations calmes et profondes pour calmer votre rythme cardiaque.

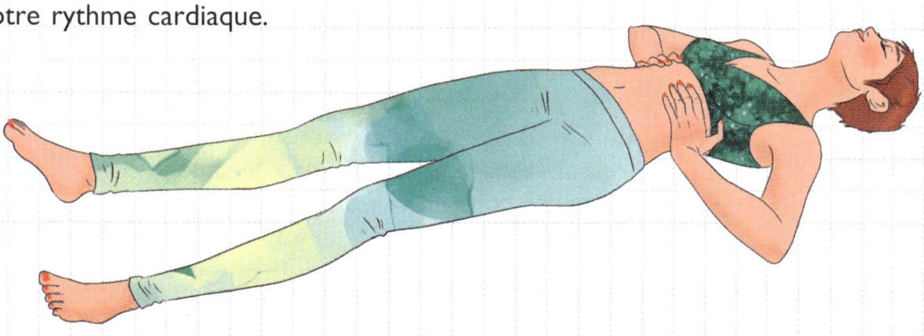

3e étage : la respiration haute

La respiration claviculaire oxygène cette zone peu active et finit de réveiller toute votre énergie.

Let's go!

En position allongée, respirez naturellement. Fermez les yeux et positionnez vos doigts sur le haut de votre thorax (sur les bosses, sous vos clavicules). Observez le trajet de votre souffle qui soulève vos clavicules. Soyez attentive à toutes les sensations. Pratiquez 10 fois.

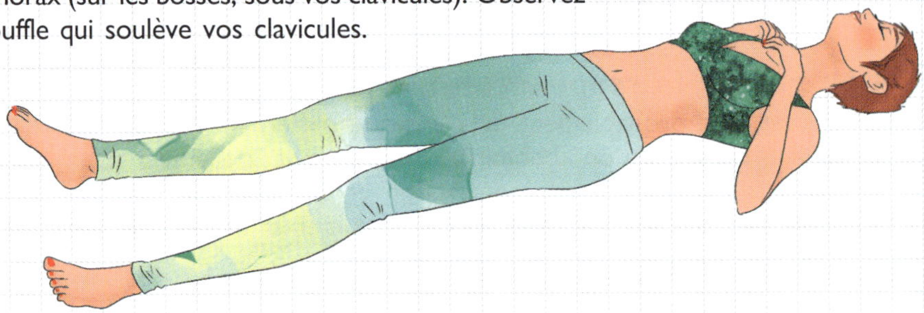

Les 3 étages ensemble : la respiration complète

Vous avez testé les 3 étages de votre respiration, vous êtes maintenant prête à activer votre respiration complète. La respiration complète, ce sont les 3 étages réunis. C'est la façon idéale de respirer. Elle permet de contrôler le souffle et d'apaiser les émotions. Alors, prête à vous détendre?

Let's go!

Assise, debout ou allongée, commencez par une inspiration lente et profonde avec le ventre jusqu'à ce que celui-ci soit totalement gonflé, puis écartez les côtes et continuez à faire pénétrer toujours plus d'air dans vos poumons. Après l'ouverture de vos côtes, inspirez encore plus haut jusqu'au niveau de vos clavicules. Lorsque vos poumons sont complètement remplis, expirez en dégonflant d'abord le haut de votre poitrine, puis votre thorax, et enfin videz votre ventre. Respirez ainsi de façon complète sur une dizaine de respirations en essayant d'allonger votre souffle.

→ Lorsque vous serez à l'aise avec la pratique, vous pourrez respirer sur les 3 étages, assise, lors de vos méditations, au bureau ou même debout dans les transports ou dans une file d'attente! Pratiquez la respiration complète sans modération!

Ma technique de relaxation

La relaxation, c'est un relâchement musculaire, une détente corporelle, mais pas seulement… Le véritable état de relaxation s'obtient aussi grâce à la « paix mentale ». Avec la relaxation, vous pouvez intervenir sur trois niveaux : physique, mental et émotionnel. Bref, apprendre à se relaxer réellement est tout un art corps-esprit! Il existe deux techniques de relaxation : la relaxation corps-esprit, utilisée en séance pour se détendre (dans une evening routine, par exemple), et la relaxation dynamique, qui permet de travailler sur un problème particulier (sur la colère, par exemple, en relaxant les tensions créées par l'émotion).

Je teste la relaxation corps-esprit

Debout, assise ou allongée, les bras le long du corps, fermez les yeux pour vous isoler du monde extérieur. Prenez quelques profondes respirations abdominales (voir p. 11) pour vous ancrer dans votre position de relaxation. Sur chaque expiration, relâchez consciemment, une par une, chaque zone de votre corps depuis le sommet de votre tête jusqu'à vos plantes de pieds. Ça fait du bien, non ?

Je teste la relaxation dynamique

La relaxation dynamique est une relaxation spécifique à la sophrologie. Rassurez-vous, « dynamique » n'induit pas de vous lancer dans une séance de sport, mais plutôt de pratiquer des exercices de tensions-relâchements et de respirations. La sensation de relâchement fait un bien fou, vous allez devenir accro !

Let's go !

Debout ou assise, prenez quelques profondes respirations naturelles pour vous ancrer dans votre position de relaxation. Expirez. Prenez maintenant une profonde inspiration par le nez. Gardez l'air quelques secondes dans vos poumons tout en créant une tension douce dans l'intégralité de votre corps. Soufflez, et relâchez. Prenez le temps de ressentir le relâchement et observez chaque zone de votre corps qui se détend… Rouvrez les yeux !

Ma technique de visualisation

Une image, c'est n'est pas la réalité… Mais saviez-vous que votre cerveau ne fait pas la différence entre ce que vous voyez avec vos yeux et ce que vous imaginez dans votre esprit ? Dans les deux cas, il déclenche les mêmes réactions ! Essayez !

Let's go !

Fermez les yeux et isolez-vous du monde extérieur. Laissez venir à vous l'image d'un citron. Concentrez-vous sur son aspect. Prenez le temps de bien détailler sa forme précise, voyez s'il est brillant ou mat, s'il est lisse ou grêlé… Imaginez ensuite que vous prenez le citron dans vos mains. Ressentez sa texture. Coupez le citron le plus lentement possible. Puis sentez l'odeur qui se dégage, est-elle plutôt forte ou subtile ? Enfin, mettez une rondelle de citron dans votre bouche. Goûtez-la et observez la façon dont elle fond sur votre langue… Mordez dedans à pleines dents ! Vous commencez peut-être déjà à saliver ou à ressentir des frissons dans votre mâchoire ? Parfait, ce sont les premières manifestations physiques de votre visualisation. Pourtant rien n'est réel !

À quoi ça sert?

Le pouvoir de la visualisation n'est plus à démontrer! C'est une technique simple mais incroyablement efficace! Il vous suffit de voir ou d'imaginer dans votre tête ce que vous désirez pour vous détendre, vous préparer à une situation, vous programmer à atteindre vos objectifs et même à reprendre confiance en vous! Magique! C'est pourquoi on l'utilisera très souvent, dans toutes les circonstances. Aussi bien pour déstresser que se libérer des émotions ou positiver.

Je médite

Eh oui, la sophro utilise aussi la méditation. Inutile de s'enfermer dans un monastère du fin fond de l'Himalaya pour s'y mettre! Vous pouvez pratiquer même si vous n'avez qu'une minute devant vous, que vous soyez chez vous ou au bureau, dans une salle d'attente ou dans les transports…

Ça veut dire quoi, «méditer»?

C'est parfois le désordre dans vos pensées? Non seulement vous ne les contrôlez pas, mais elles ont vite fait d'être négatives et de vous parasiter! Le principe de la méditation est de focaliser son attention sur un seul objet (votre respiration, la flamme d'une bougie, une sensation…) pour canaliser le flux des pensées. Facile! En fait, la méditation est partout! TOUT peut constituer un objet de méditation : une odeur, une sensation, une musique, le goût… Il suffit de se concentrer dessus sans se laisser distraire. On peut méditer les yeux ouverts ou les yeux fermés. Ce qui compte, c'est la concentration sur l'objet de méditation. Résultat : vous calmez vos émotions et retrouvez l'équilibre. On utilisera la méditation en sophro quand on souhaite s'écouter, revenir à soi, au présent et prendre conscience de ses sensations.

Quelle posture adopter pour méditer?

Il n'est pas question, ici, de s'installer immobile durant des heures dans la fameuse position du lotus. Vous pouvez simplement adopter une position agréable et stable, assise en tailleur, le dos droit et la tête bien alignée avec la colonne vertébrale. Posez vos mains à plat sur vos cuisses ou vos genoux. C'est parti!

Je teste une mini-méditation!

Programmez votre minuteur. C'est parti pour 1 minute de méditation! Fixez votre attention sur votre souffle. Sentez l'air frais qui entre par vos narines, qui parcourt votre corps (dans la gorge, l'arrière de la gorge, la trachée, les poumons) et l'air tiède qui ressort par vos narines. Suivez le trajet de votre souffle qui entre et sort. Progressivement, portez attention aux mouvements de votre corps créés par la respiration, le ventre, puis le thorax, puis les clavicules… et à votre corps tout entier qui se gonfle, s'ouvre, puis se dégonfle… Continuez à votre rythme, avec une respiration naturelle. Si des pensées surgissent, laissez-les passer et revenez simplement à votre pratique. Voilà, vous avez médité sur votre souffle!

7 bonnes raisons de s'y mettre

Pas encore convaincue? Qu'à cela ne tienne, il y a plein d'autres raisons totalement irrésistibles d'adopter la sophro, on parie que vous craquerez?

1. Pour déstresser

Méthode antistress par excellence, la sophro peut vous aider dans les situations SOS comme au quotidien, pour calmer votre caractère soucieux, angoissé ou si vous avez tendance à ruminer. Non seulement vous pouvez apaiser vos tensions, mais vous apprenez aussi à vous ancrer davantage dans votre corps, à être plus en phase avec lui, et ainsi à puiser en lui plus de tranquillité et d'assurance. Bref, vous vous sentez mieux, plus calme, plus sereine.

2. Pour vivre en harmonie

Le principe même de la sophrologie est d'atteindre le calme intérieur et le bien-être. Vous apprenez à être à votre écoute et à retrouver l'harmonie entre votre corps et votre esprit, à vivre en phase avec vous-même, avec vos besoins, vos pensées, vos émotions, en phase avec celle que vous êtes et avec celle que vous souhaitez devenir.

3. Pour booster mon énergie

La sieste permet de rattraper un petit manque de sommeil et de déstresser, ok… mais 20 minutes de relaxation sont tout aussi efficaces pour récupérer! C'est la solution sophro idéale pour recharger ses batteries et booster son énergie.

4. Pour apaiser mes émotions

Vous vous sentez angoissée, irritable, inquiète, déprimée, ou même nerveuse? Grâce à la sophrologie, vous apprenez progressivement à identifier vos émotions, à les accueillir, les ressentir, les comprendre, les accepter et à vous en libérer. La sophrologie

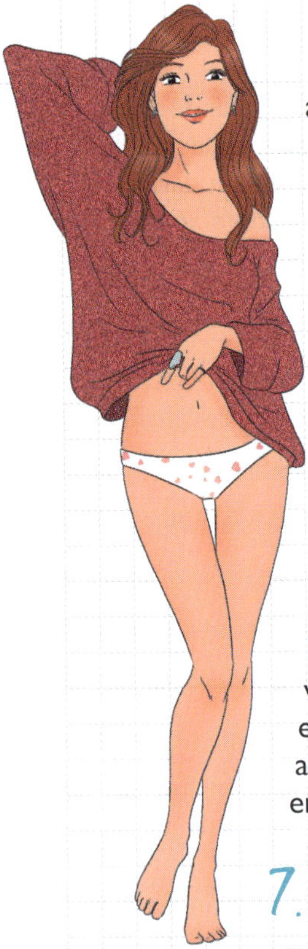

a développé tout un protocole pour apaiser les émotions négatives et booster les positives ! Résultat : vous vous sentez mieux dans votre tête, votre cœur, votre corps et dans votre vie.

5. Pour booster ma confiance

La sophrologie vous permet de vous reconnecter avec votre nature profonde, votre beauté intérieure, et surtout de vous accepter telle que vous êtes. En bref, elle vous permet de programmer votre cerveau pour réaliser vos rêves, vivre votre vie comme vous l'entendez en vous détachant du jugement des autres. Confiance en vous assurée !

6. Pour mieux gérer mon sommeil

Le soir vous tombez de sommeil, et pourtant… vous ne parvenez pas à vous endormir ? Vous ruminez sans cesse les événements de la journée et vous stressez déjà pour la journée à venir ? Avec la sophrologie, vous allez apprendre à relâcher votre corps. Résultat : vous serez endormie avant même que votre tête ait touché l'oreiller !

7. Pour mincir

C'est LE bonus qui fait craquer… Oui, la sophro fait mincir ! La respiration et la relaxation sont d'excellents antistress. Elles vous évitent de passer par la case « je-grignote-pour-gérer-mes-émotions » qui vous rassure mais consolide vos bourrelets ! La sophrologie va également vous aider à savourer pleinement les aliments dans votre assiette, pour manger moins et envoyer plus rapidement à votre cerveau le message de satiété !

Comment pratiquer ?

L'intérêt de la sophrologie est qu'elle peut se pratiquer dans n'importe quelle circonstance de votre quotidien. Vous n'avez besoin d'aucune tenue particulière ni d'aucun matériel ! *No excuse !*

En situation d'urgence, quand je ne suis pas chez moi…

Aucun matériel requis. Pas besoin non plus d'adopter une posture la tête en bas qui vous ferait passer pour une fille bizarre dans la rue ! Il existe un petit truc indécelable, secret et totalement magique : votre geste signal !

SOS mon geste signal!

Le «geste signal» ou «geste d'ancrage» fait appel à une technique toute simple que vous utilisez peut-être déjà sans le savoir! Il s'agit d'un geste personnel que vous choisissez et que vous associez à une sensation rassurante grâce à la technique de l'ancrage. Le but? Déclencher une sensation rassurante, positive, et ainsi vous permettre de retrouver le calme en toutes circonstances. C'est une technique clé de la sophrologie, très rapide à apprendre et facile à utiliser chaque fois que vous avez besoin de déstresser!

Je crée mon geste

La première étape est d'inventer votre geste. Il doit être naturel, léger et discret. Vous pouvez par exemple fermer votre main gauche, frotter doucement deux doigts ou poser une main sur votre ventre… Ce geste doit toujours être le même! Il est ensuite essentiel d'associer votre geste signal à des sensations de bien-être plusieurs fois par jour pour l'ancrer : pour commencer, utilisez votre geste signal uniquement pendant vos séances de sophrologie ou durant un moment où vous vous sentez parfaitement détendue. Ancrez votre geste pendant 21 jours successifs au minimum. Vous pouvez aussi associer votre geste à une image, une couleur, la visualisation d'un lieu… À force d'entraînement, votre cerveau associera la sensation de bien-être à votre geste. Vous pourrez ensuite le reproduire en situation d'urgence, il activera les circuits neuronaux du bien-être. C'est l'ancrage. Vous n'avez plus qu'à mettre en place votre geste signal dans votre vie!

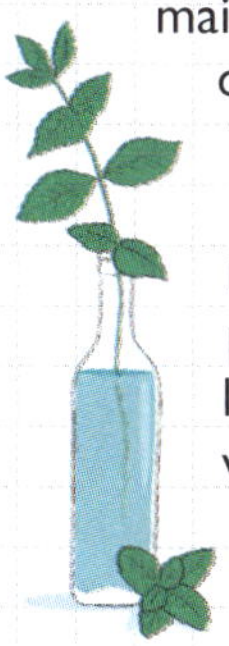

La bonne posture quand je pratique at home…

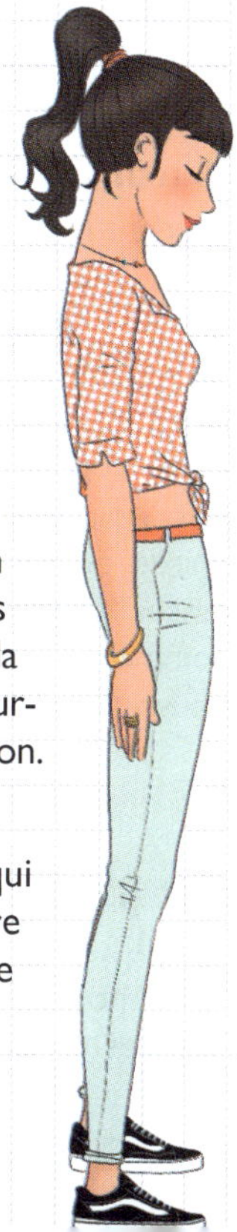

Ne vous imaginez pas en équilibre sur un orteil! La sophrologie utilise trois positions du quotidien : debout, assis et allongé. C'est tout? Vous vous attendiez à quoi? Vous ne pouvez plus prétendre un manque de souplesse pour remettre à demain votre pratique de la sophro! Et si vous avez peur de vous endormir pendant vos séances, pratiquez debout ou assise!

Il est tout à fait possible de se détendre debout!

Pour bien vous placer : installez-vous debout, écartez vos pieds de la largeur de votre bassin. Vos genoux sont relâchés et déverrouillés. Basculez votre bassin légèrement vers l'avant. Votre dos est bien droit, vos vertèbres sont empilées les unes sur les autres, la tête alignée. Votre menton est légèrement baissé vers la poitrine. Vos bras et surtout vos épaules s'abandonnent et se relâchent. Vous pourriez normalement rester indéfiniment, confortablement installée dans cette position.

À utiliser quand?

Dans certains exercices de relaxation dynamique. Et si vous avez le dos qui tiraille, mal aux jambes, cette position debout vous sera utile pour vous détendre quelques minutes dans n'importe quelle circonstance (file d'attente, table haute de bar…).

J'adopte une bonne posture assise

Assise sur le rebord de votre chaise, le dos bien droit, décollé du dossier, votre nuque est dans le prolongement de votre colonne vertébrale et vous rentrez légèrement le menton. Posez les mains à plat sur vos cuisses, vos jambes sont pliées en angle droit et vos pieds bien ancrés dans le sol : c'est la position de base en sophro lors de consultations.

À utiliser quand ?

Dans la plupart des exos de sophro : dans les méditations, les visualisations et certaines respirations. Pour le côté plus cocooning, je vous invite à trouver votre propre posture de relaxation, assise sur les genoux, en tailleur sur votre tapis de yoga ou en lotus sur votre canapé… L'essentiel ? Gardez toujours le dos droit, et pour le reste, les possibilités sont infinies ! Dès lors que vous vous sentez bien et concentrée sur votre corps, vous trouverez vite votre position chouchou !

Ma position allongée, prête à la relaxation !

Allongez-vous sur le dos, les épaules détendues, bien étalées sur le sol, en ouverture, les bras légèrement écartés de votre corps et les paumes des mains tournées vers le ciel. Vos jambes sont suffisamment écartées pour que vos cuisses ne se touchent pas et vos hanches, vos genoux et vos chevilles sont déverrouillés. Laissez vos jambes rouler naturellement vers l'extérieur et vos pieds retomber sur les côtés. Votre tête est alignée avec votre colonne vertébrale. Tout votre corps est alors parfaitement symétrique. Tirez légèrement votre menton vers votre poitrine pour étirer la nuque.

À utiliser quand ?

Pendant les exercices de relaxation (voir le chapitre « Mes rituels antistress » p. 40, et aussi p. 83 et 92, pendant votre week-end sophro). Il est plus facile de se relaxer en position allongée. Certes ! Mais il est également plus facile de s'endormir ! Vous pourrez utiliser cette position pour des relaxations en soirée ou pour vous laisser glisser dans le sommeil. Pensez à vous couvrir !

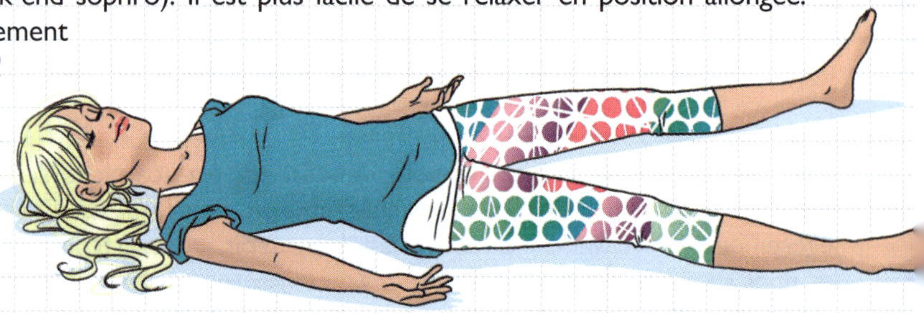

Je prépare ma petite séance

C'est bon, vous avez travaillé votre posture, vous êtes prête à commencer ? Pour que ces séances constituent un moment agréable, cocooning, une vraie pause plaisir, rien de mieux

que de préparer un petit espace chouchou qui vous donnera envie de pratiquer et vous enverra de good vibes. Vous pouvez même vous offrir quelques jolis accessoires.

Je crée mon espace sophro

Il est important, chez vous, de trouver un lieu spécifique à votre pratique. Car si vous devez dérouler votre tapis chaque matin, il y a fort à parier que vous aurez tendance à procrastiner. Alors aménagez-vous un petit espace spécial « sophro » dans lequel vous viendrez chaque jour vous détendre et vous faire du bien ! Cela pourrait même vous donner envie de pratiquer plus souvent !

Je crée mon petit autel

Pas besoin d'être bouddhiste pour créer son autel ! Un autel n'est pas nécessairement religieux. Il s'agit de dédier un espace à l'expression de vos émotions, à l'introspection, à une spiritualité laïque, par exemple. C'est un espace pour revenir à vous, et c'est ce qui le rend sacré (car l'idée est de vous apporter du respect)… Il deviendra votre lieu de pratique pour vos rituels, vos méditations et vos séances de sophro. Pour que votre autel soit sacré, il est important qu'il soit un lieu uniquement pour vous, un endroit où vous vous retrouvez seule avec vous-même. Et, pour vous y sentir bien, il faut le créer avec soin et amour. Vous pouvez faire votre autel sur une petite table, une étagère, le rebord d'une fenêtre… L'essentiel : il doit être beau pour que vous ayez envie d'y revenir et exprimer qui vous êtes ! Vous pouvez y placer des bougies, de l'encens, des pierres… Vous pouvez ajouter également des images, statues ou tout autres bibelots qui vous inspirent le bien-être et la sérénité. De temps en temps, pensez à y brûler de la sauge, comme les chamanes, pour purifier l'espace des énergies négatives !

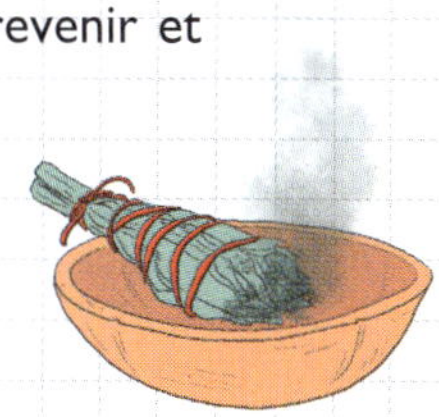

Mon équipement de sophrologista

Mon tapis de yoga confortable

Il sera utile pendant vos relaxations allongée, mais aussi pour pratiquer la sophro assise face à votre autel ou pour tous les petits rituels lifestyle, comme le yoga. Pour une bonne pratique, vous devez investir dans un véritable tapis de yoga. Il doit se faire oublier pour vous permettre de vous concentrer uniquement sur votre pratique. Impossible avec les tapis de gym meilleur marché, qui glissent dans tous les sens et s'étirent sous vos pieds ! Choisissez une jolie couleur qui vous plaît pour vous motiver à pratiquer. De la marque classique française Baya aux marques écolo Yuj ou Yogom, vous trouverez à coup sûr votre bonheur ! Mais… il est dommage de se limiter à son tapis, alors n'hésitez pas à pratiquer dehors pour vous sentir beaucoup plus libre !

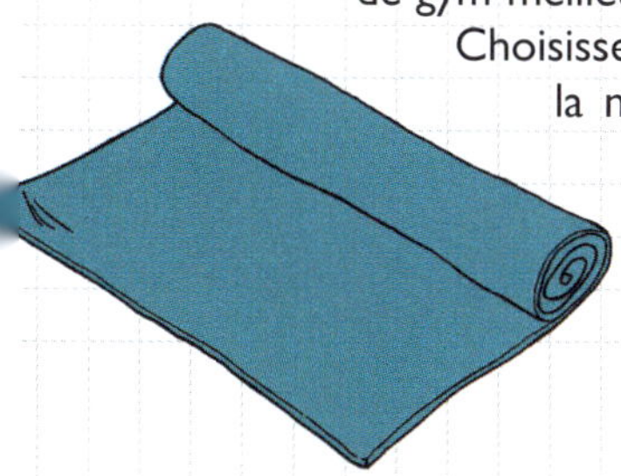

Mon bon gros zafu bien moelleux !

Il est essentiel d'être bien assise si vous voulez bien méditer, et cela passe par un coussin de méditation : le zafu. Il vous permettra de basculer le bassin vers l'avant, d'ouvrir vos hanches de manière naturelle tout en vous tenant plus droite. Le zafu est généralement rempli de kapok, une fibre végétale. Essayez-le avant d'acheter, vérifiez son confort, avant de l'adopter. Et pour mettre toutes les chances de votre côté, choisissez une couleur qui vous invite à la méditation, un détail utile à vos débuts !

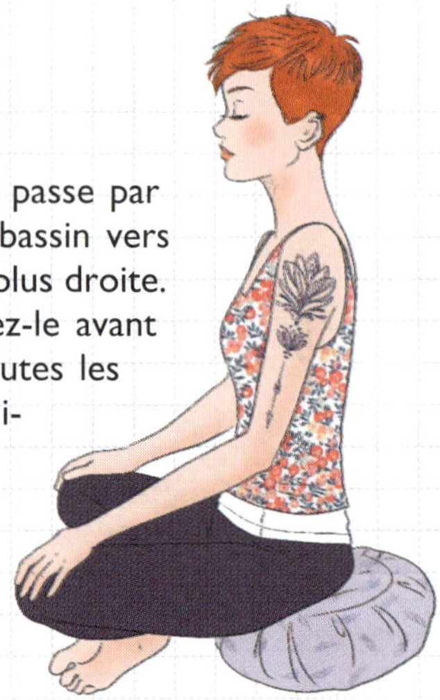

Mes bâtons d'encens qui sentent bon

Oliban, cèdre, santal, myrte, ça met tout de suite dans l'ambiance ! Pour méditer, pratiquer à tout moment de la journée, vous pouvez brûler un bâton d'encens, car il a un grand pouvoir symbolique. Il crée une atmosphère cocooning et aide à vous mettre dans un esprit de relaxation (se concentrer sur l'odeur induit un état méditatif qui calme tout de suite). Encore faut-il bien choisir son encens. Son parfum doit être agréable, mais l'encens doit aussi être sain ! N'oubliez pas que vous allez respirer de la fumée, alors évitez les produits les moins chers, de moindre qualité, avec des composants souvent toxiques néfastes pour la santé. Préférez les bâtons ou cônes d'encens 100 % naturels.

Ma jolie bougie chaleureuse

La bougie a un usage ancestral et universel : elle est le symbole de l'âme, de la purification et de l'amour ! Alors, que ce soit pour des rituels du matin ou du soir ou même entre amis, des bougies, c'est ambiance zen et cocooning assurée ! Allumez-en pendant votre séance de sophro pour vous mettre en condition. Là encore, optez de préférence pour des bougies végétales, complètement naturelles, ou mieux : fabriquez vous-même vos bougies parfumées. Mais si vous utilisez vos bougies en même temps que l'encens, choisissez-les sans odeur !

Mon plaid tout doux

À la fin d'une séance de sophrologie, quand vient le moment de relaxation, le corps se refroidit rapidement. Alors, pour ne pas être distraite par cette sensation de froid et pour laisser votre esprit s'apaiser en même temps que votre corps, munissez-vous de chaussettes en pilou et d'une couverture ou d'un plaid tout chaud et tout doux pour vous envelopper.

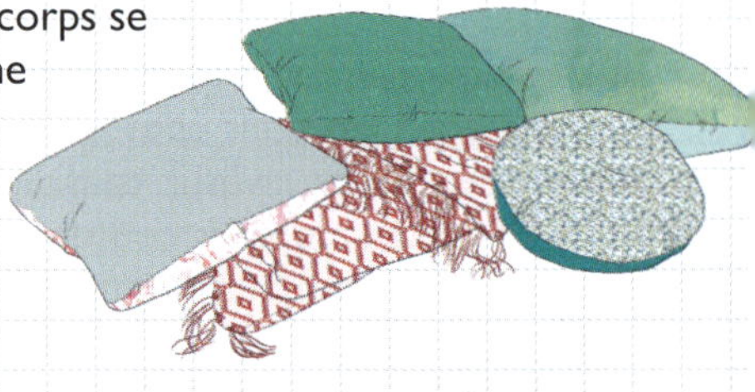

Les petits tips lifestyle qui boostent ma séance de sophro

Si la sophro dans les règles de l'art se limite à la respiration, la relaxation, la visualisation et la méditation, plusieurs méthodes de bien-être ont un air de famille et peuvent compléter vos séances. Mantras, yoga, huiles essentielles... Pour une expérience 100 % cocooning!

Je médite avec des mantras

Dans la tradition indienne, un mantra est une formule, un son, un mot ou une phrase que vous vous répétez en boucle 108 fois pour canaliser votre mental et apaiser le flot de vos pensées. Non seulement l'apaisement est créé grâce à la concentration sur la répétition et sur le son de la voix, mais aussi grâce à l'aspect incantatoire de la formule. Par exemple, en récitant le mantra «*shânti*» («paix»), on reviendra au calme, à la paix en soi, avec l'autre et avec le monde. C'est une pratique surtout connue chez les bouddhistes (bien qu'elle soit commune à plusieurs religions), mais un mantra peut aussi être dénué de toute connotation religieuse! Cela devient alors un excellent support pour vos méditations, au même titre que votre respiration, l'encens ou la flamme d'une bougie.

Vous pourrez utiliser la méditation sur les mantras avec n'importe quelle intention : pour déstresser, pour positiver... C'est pourquoi vous les retrouverez régulièrement dans ce cahier (p. 34-35, 45, 84).

Je fabrique mon mantra

Il existe le fameux mantra «OM» ou «AUM», traditionnellement utilisé par les bouddhistes et les hindouistes, mais il est encore plus inspirant de se créer son propre mantra, sous forme de mot ou de formule intentionnelle. C'est simple, rapide et vous ne pourrez plus vous en passer!

Si vous souhaitez retrouver un état de calme, choisissez le mot «calme», «zen», «sérénité» ou une phrase intentionnelle comme «tout est calme» ou «je suis calme».

Si vous avez besoin de confiance pour la journée, utilisez par exemple le mot «confiance» ou une phrase intentionnelle : «Rien ne peut me résister», «Je peux tout réussir», «J'agis avec confiance».

Et si vous avez besoin de positive attitude, optez pour : «Le meilleur est à venir», par exemple.

Mon petit mantra :

....

....

....

....

J'utilise mon mantra

Vous avez trouvé votre mantra ? Vous allez maintenant pouvoir l'utiliser. Il vous suffit de prononcer plusieurs fois votre mot ou votre phrase intentionnelle pendant vos méditations sophro et à tout moment, partout, dans votre tête ou de vive voix, comme une incantation et en suivant un rythme qui vous apaise.

Et en version sophro ? La respiration synchronique

Vous pouvez également les utiliser avec la respiration synchronique de la sophro. Cette pratique consiste à plonger votre corps dans un état choisi en répétant mentalement un mot ou une intention : sur l'inspiration, prononcez mentalement votre mot, et sur chaque expiration, dirigez votre souffle dans tout votre corps pour diffuser l'intention contenue dans votre mantra. Vous pouvez commencer à pratiquer sur 10 respirations et augmenter progressivement jusqu'à ressentir complètement l'intention du jour. Utilisez les mantras dans la respiration synchronique afin de vous calmer, vous booster, calmer votre stress... Ça sert pour tous les états d'esprit !

Mon mala, les bijoux de mantras

Bien qu'à l'origine il soit le chapelet des moines bouddhistes, le mala, un bijou composé de 108 grains ou perles pour réciter 108 mantras, est devenu ultra tendance. Vous pouvez en trouver de toutes les couleurs, à assortir à vos tenues pour leur donner une touche ethnique ! Évidemment, le mala n'est pas seulement décoratif. Aussi, commencez doucement : le but du mala est de vous aider à canaliser vos pensées, pas à vous stresser pour terminer à tout prix vos 108 mantras ! Le bracelet, avec moins de perles, sera tout aussi chic à votre poignet, tout en vous permettant de pratiquer votre respiration synchronique.

Mon yoga sophro

Source d'inspiration pour Alfredo Caycedo quand il a créé la sophro, le yoga est une discipline du corps et de l'esprit très complète qui comprend une grande variété de techniques : elle utilise des postures physiques (« asanas »), des pratiques respiratoires (« pranayama ») et de méditation, ainsi que la relaxation profonde (le « yoga nidra »). Le yoga permet d'observer et ressentir votre corps dans son entier, et ainsi de mieux le connaître. La sophro est un peu sa petite sœur ! En effet, dans les deux pratiques, on porte particulièrement attention à son souffle dans le but de retrouver l'harmonie body & mind. L'idéal : mixez un peu les deux pratiques au quotidien (comme dans le week-end sophro, p. 65) !

Mes huiles essentielles sophro-friendly pour apaiser les émotions

Les huiles essentielles sont reconnues pour leurs nombreux bienfaits sur la santé et le bien-être. Elles sont issues des plantes, des arbres et des agrumes. Écorces, fleurs, feuilles mais aussi bourgeons ou racines sont distillés à la vapeur d'eau pour obtenir une concentration d'actifs. Ainsi, il suffit d'une toute petite quantité d'huile essentielle (quelques gouttes) pour qu'elle soit efficace. Ses molécules fines pénètrent rapidement et aisément dans l'organisme, que ce soit par voie orale, cutanée ou par inhalation. Les huiles peuvent être utilisées en prévention ou pour soigner les petits bobos du quotidien, mais en sophro, on y a recours pour leur formidable pouvoir sur les émotions. C'est pourquoi vous trouverez des idées d'huiles essentielles à utiliser en synergie avec vos exercices de sophro tout au long de ce cahier.

Chapitre 2

Body & mind thérapie

On pratique la sophro pour être en phase, libérée des émotions perturbatrices, et même remplie d'émotions positives. La base de la sophro est de vous aider à gérer vos émotions. Pour cela, elle agit sur le corps et l'esprit : vous calmez vos émotions pour calmer votre corps, et inversement : la boucle est bouclée, les émotions négatives n'ont aucune chance. Imparable ! Prête pour une feel good thérapie ? Attention, ce chapitre est un concentré de bonheur !

J'écoute mes émotions

Les émotions font partie de la vie, et c'est tant mieux, car elles ont pour rôle de vous informer sur votre état intérieur, ce qui vous permet de vous adapter et de réagir aux situations rencontrées. Par exemple, la peur vous prévient d'un danger et vous prépare à vous défendre. Le problème ? Si les émotions positives stimulent votre santé, les émotions négatives, elles, peuvent la fragiliser, car elles sont très énergivores. Les émotions vous sont certes familières, mais souvent, elles vous bousculent et vous ne savez pas très bien les appréhender. La sophrologie vous aide à décrypter vos émotions et à les gérer !

Émotion, sentiment, quelle différence ?
Les émotions ne durent que quelques minutes, avec de vives manifestations physiques (tension, rire, pleur...), contrairement à un sentiment qui, lui, s'installe dans le temps et n'est pas dépendant d'un stimulus extérieur précis. En revanche, les émotions peuvent être à la source de sentiments.

Dis-moi ce que tu ressens, je te dirai ce dont tu as besoin !

Qu'est-ce qui se cache réellement derrière vos réactions ? Chacune de vos émotions a un rôle essentiel dans votre vie, qu'elle soit positive ou négative. Vos émotions sont de magnifiques messages ! Elles vous informent de vos besoins.
Elles peuvent être ressenties de façon agréable lorsqu'elles indiquent que votre besoin est comblé ou être inconfortables lorsqu'un de vos besoins n'est pas satisfait. En bref, apprendre à écouter vos émotions est important pour apprendre à répondre à vos besoins !

La colère	… informe de…	Un obstacle ou une frustration
La tristesse	… informe de…	Une perte ou un manque
La joie	… informe de…	Une satisfaction
La peur	… informe de…	Un danger potentiel ou une situation que l'on juge menaçante ou insécurisante.

Les 4 émotions fondamentales

La joie, la tristesse, la colère et la peur sont les 4 émotions fondamentales. Bien qu'il en existe d'autres (issues d'un mix des émotions fondamentales), se concentrer sur ces 4 émotions fondamentales va vous aider à y voir plus clair, et vous pourrez bientôt reconnaître, nommer et exprimer toutes vos émotions sans problème. Vous vous rendrez également compte que toutes les émotions sont bénéfiques dans votre vie !

La joie

Je suis « contente », « joyeuse », « heureuse »… La joie est une émotion précieuse, car l'exprimer vous aide à créer des liens avec les autres. C'est une émotion d'ouverture et de partage. Il est important de savoir vivre avec votre joie, de la canaliser, pour que son énergie positive vous habite sans vous épuiser. Bien gérée, elle permet ainsi d'atteindre la sérénité.

La tristesse

Je suis « chagrinée », « déprimée », « déçue »… La tristesse a un rôle très important et vous aide à prendre conscience d'une chose, une situation ou d'une personne que vous avez perdue ou qui vous manque (perte, séparation, non-obtention, changement). Bien vécue, la tristesse vous permet de prendre conscience de ce qui vous est cher, que ce soit une personne, une relation (amitié, couple, famille), une habitude, un lieu, un projet…

La colère

Je suis « énervée », « agacée », « blessée »… La colère est une émotion impulsive qui permet de vous libérer d'un poids, de ce qui vous gêne ou vous contraint, d'une injustice ou de quelque chose qui vous fait mal (comme quand vous ne vous sentez pas écoutée, pas respectée, pas libre…). Elle protège souvent votre intégrité. La colère est souvent vécue comme une émotion « négative », et pourtant elle permet de vous libérer ! Mais, réprimée, la colère constitue un poison physique et mental, avec à la clé ruminations, douleurs physiques, problèmes intestinaux et mauvaise assimilation…

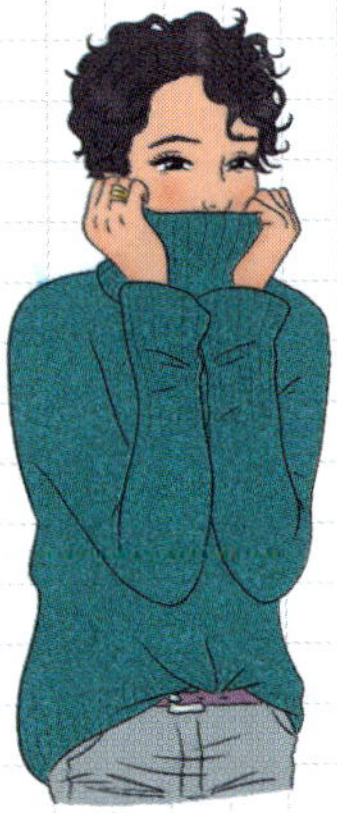

La peur

Je suis «inquiète», «soucieuse», «terrifiée»… La peur a pour rôle de vous avertir de l'imminence d'un danger, elle vous prépare à affronter des situations menaçantes et à vous mettre en sécurité. Si vous apprenez à vivre avec votre peur, vous réagirez avec prudence, sans paniquer et libérée de vos phobies!

Mes émotions s'inscrivent dans mon corps

Les douleurs émotionnelles (palpitations, gorge nouée, maux de ventre, respiration coupée…) influent sur vos pensées et votre humeur. Et *vice versa* : vos émotions (celles dont vous n'arrivez pas à vous libérer!) s'expriment dans votre corps sous forme de symptômes physiques. Plus vous refoulez vos émotions et plus elles apparaissent. Mais lorsque vous libérez votre charge émotionnelle, vous vous détendez et vous vous apaisez, body & mind. Si vous écoutiez enfin votre corps?

Mon programme anti-bad vibes

Comment faire concrètement pour gérer vos émotions sans vous laisser emporter? En général, on essaie surtout de les contrôler, alors qu'elles disparaîtraient plus facilement si on les laissait s'exprimer! Mais laisser venir ses émotions peut faire un peu peur… No problem, avec la sophro, vous allez enfin pouvoir, pas à pas, accueillir vos émotions, les reconnaître, les exprimer pour vous en libérer. Ce programme SOS en cas de crise vous permettra de gérer vos émotions en quelques minutes seulement, mais vous pouvez aussi le pratiquer plus longuement, pendant environ 20 minutes, 1 fois par semaine, pour réguler toutes vos émotions et vous équilibrer… C'est parti!

Pour une pratique équilibrante de 20 minutes, vous passez en revue toutes vos émotions une par une, alors qu'en version SOS, vous vous focalisez uniquement sur l'émotion qui vous pose problème.

Step 1 : j'accueille mon émotion

D'abord, questionnez-vous sur l'état dans lequel vous vous trouvez dans l'instant. Le questionnement part des sensations corporelles vers vos émotions ou d'une situation vers vos sensations puis vos émotions… Dans tous les cas, vous vous questionnez sur les 3 domaines : pensées, corps, émotions. Dès que vous sentez une émotion monter en vous, fermez les yeux et posez-vous les questions recensées dans le tableau ci-contre.

Qu'est-ce que je ressens en cet instant dans mon corps et où cela se manifeste-t-il ?	Rythme cardiaque élevé, poids sur la poitrine, respiration rapide, mâchoires serrées, sourcils froncés, corps contracté, par exemple.	Sourire, respiration libre, ouverture de la cage thoracique, sensation de légèreté, peau bien colorée, plein d'énergie, par exemple.	Larmes aux yeux, voix tremblante, gorge nouée, teint pâle, manque d'énergie, serrement au niveau de la poitrine, par exemple.	Tremblements, accélération cardiaque, coup de froid, chair de poule, estomac noué, mains moites, par exemple.
Quel est le nom de mon émotion ?	Colère	Joie	Tristesse	Peur
Qu'est-ce qui l'a générée	Par exemple, une frustration, un conflit, une injustice.	Un besoin comblé, par exemple une nouvelle rencontre, un plaisir obtenu, un objectif atteint.	Par exemple, la perte ou le manque d'une valeur affective, l'échec d'un projet, un changement.	La perception d'une insécurité : un danger, un jugement négatif, une situation inconnue, par exemple.
De quel besoin veut-elle m'informer ? (aidez-vous du tableau p. 25)	Par exemple, du besoin de reconnaissance, d'estime, d'appartenance, d'accomplissement...	Par exemple, elle indique que j'ai écouté mes envies, mes besoins, mes goûts…	Par exemple, elle révèle quelque chose ou quelqu'un qui compte. Elle informe d'un besoin d'amour, de reconnaissance, d'appartenance, d'accomplissement...	Par exemple, elle m'informe d'une insécurité, d'une situation qui ne me convient pas et du besoin de me retrouver en confiance et confortable.
Est-ce que je peux changer quelque chose pour combler ce besoin et retrouver le calme et la sérénité ?	Si vous le pouvez, résolvez ce conflit, luttez contre cette injustice. Sinon, apaisez votre émotion : par exemple, allez courir, faites de la sophro, lâchez prise…	Par exemple, faire de la sophro pour atteindre la plénitude (et éviter la surexcitation).	Aller voir une copine, par exemple, chercher quelque chose d'autre ou quelqu'un d'autre en qui s'investir, se recentrer sur soi…	Fuir la situation ou l'apprivoiser en procédant étape par étape, par exemple.

Répondez sans vous juger ! Ce cheminement de questions qui prend en compte le lien entre votre corps, votre mental et votre état émotionnel vous guide naturellement et plus sûrement vers vos besoins véritables. Et surtout, laissez venir chaque émotion en toute tranquillité ! Ayez confiance.

Prenez le temps de ressentir votre émotion !
Ne chassez pas trop vite vos émotions, car elles sont là pour vous aider à exprimer une situation. Prenez le temps de les ressentir avant d'agir ou de vous en libérer si vous ne pouvez pas agir sur la situation. La prise de conscience fait partie du processus de la libération !

Une émotion peut en cacher une autre !

Il n'est pas toujours facile d'exprimer ses émotions, encore moins de les comprendre. Parfois, il est même impossible de les identifier ! Vous ne le savez peut-être pas encore, mais votre émotion peut en cacher une autre (ou plusieurs). Le casse-tête ! En effet, il y a l'émotion que vous montrez, l'émotion que vous ressentez et enfin l'émotion que vous cachez bien profondément. Méfiez-vous en particulier d'une émotion vive et simple d'apparence : elle cache bien souvent d'autres émotions, plus difficiles à exprimer. Il s'agit d'un réflexe de survie pour éviter de réveiller les douleurs profondes. Or si vous n'êtes pas honnête avec vous-même et que vous ne prenez pas conscience de la véritable émotion en jeu, impossible de vous en libérer et de retrouver le bien-être !

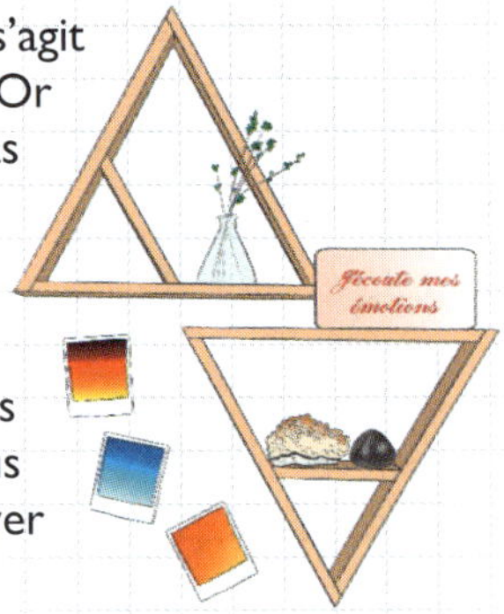

J'identifie mon émotion cachée

Prenez le temps de vous poser. Qu'importe votre position. Fermez les yeux. Faites quelques respirations profondes. Laissez monter en vous les émotions, tant dans votre esprit que dans votre corps, sans essayer de les contrôler ni de les modifier. Questionnez-vous :

Quelle émotion, suis-je en train de montrer ?	Colère	Tristesse	Joie	Peur
Puis explorez votre émotion et la situation : comment est-ce que je me sens réellement dans cette situation ?	Par exemple, frustrée, coincée, oppressée, abasourdie	Par exemple, désemparée, ennuyée, choquée, bouleversée	Par exemple, passionnée, heureuse, enthousiaste, émerveillée	Par exemple, honteuse, courageuse, surprise ....
Enfin : pourquoi ? À quoi cette situation me renvoie ?	À une peur, celle de ne pas contrôler la situation, d'être impuissante...	À une peur, celle de ne pas être aimée, d'être abandonnée…	À la sensation d'être comblée.	À un manque de confiance en l'autre ou en soi, à une angoisse, un stress...

Remerciez-vous de cette mise au clair. Rouvrez les yeux. Avec un peu d'entraînement, vous arriverez bientôt à identifier la bonne émotion à coup sûr !

Step 2 : j'exprime mon émotion

Pleurez, partagez votre douleur et votre colère en vous confiant à votre BFF ou tout simplement autorisez-vous à être honnête avec vous-même en mode introspection. Cela permet déjà de se libérer des tensions retenues. Mais attention, il ne s'agit pas de ressasser et d'entretenir l'émotion ! Vous pouvez aussi exprimer votre émotion à travers le sport, l'écriture, l'art... à condition de pratiquer avec l'intention d'exprimer votre émotion : sentez votre corps qui se manifeste et s'apaise... Trouvez votre moyen d'expression !

Step 3 : j'accepte mon émotion

Accepter ? Facile à dire... et bientôt facile à faire ! Ne gaspillez plus toute votre énergie à rejeter ou à enfouir votre émotion. Dès lors que vous la reconnaissez, vous arrivez à l'exprimer et à vous en détacher. Vous serez surprise de voir combien chacune des émotions, qu'elles soient « positives » ou « négatives », bien vécue, permet de se sentir libérée, plus légère !

Ma visualisation : l'échelle émotionnelle

Voici un exercice pour accepter et laisser vivre chacune de vos émotions, des plus « négatives » aux plus « positives ». Procéder par échelle (du négatif vers le positif) permet à la fois d'accepter l'émotion avec laquelle vous êtes aux prises actuellement, mais aussi de vous amener progressivement à retrouver sérénité et bien-être.
Installez-vous dans votre espace sophro et adoptez votre position chouchou (voir p. 17). Fermez les yeux. Laissez venir à vous vos « peurs », donnez-vous votre propre définition de cette émotion. Laissez venir à votre esprit des images de votre vie passée, présente et future que vous rappelle cette émotion. Continuez avec toutes les émotions suivantes dans l'ordre : « Honte », « Colère », « Inquiétude », « Ennui », « Acceptation », « Espoir », « Courage », « Bonheur », « Gratitude », « Joie », « Paix » et « Amour ».
Prenez tout votre temps. Soyez attentive aux messages de votre corps, ne les réprimez pas, laissez simplement vos émotions, questionnements, réflexions venir.

Step 4 : je libère mon émotion

Vous savez maintenant laisser venir à vous vos émotions et vivre avec elles. Il ne reste plus qu'à vous en libérer. Il vous sera très facile de suivre cette petite routine SOS dès que vous ressentez des émotions négatives. *Welcome back sunshine !*

Je détends la zone crispée et je libère l'émotion

L'exercice dit « sophro-déplacement du négatif » libère de toutes les tensions désagréables ou douloureuses, qu'elles soient physiques, émotionnelles ou mentales. Vous imaginez les expulser par le souffle après une contraction et un relâchement musculaires. Avant de détendre votre corps tout entier, vous focalisez votre attention sur les zones tendues, inconfortables, crispées sous l'effet de votre émotion.

Ma relaxation dynamique

Debout, fermez les yeux. Prenez le temps de laisser venir à vous toutes les sensations de votre corps (par exemple, une tension dans la nuque, une crispation dans les épaules et les bras, une oppression à la poitrine, une douleur dans le dos…). Faites le lien entre vos émotions, vos sentiments, votre humeur et vos sensations (par exemple : *Je me sens en colère, parce que je ne gère plus la situation, ma poitrine est compressée*). Et, quand vous voulez, inspirez profondément. Retenez l'air en contractant uniquement la zone d'emprise émotionnelle (ici, la poitrine). Soufflez et relâchez la zone, puis votre corps tout entier. Imaginez que votre souffle emporte avec lui les sensations corporelles et les émotions qui sont liées.
Vous pouvez recommencer 2 fois dans la même zone ou continuer de la même manière sur une autre zone si besoin. Pensez à toujours respecter des moments de pause pour revenir à l'écoute de votre corps qui se relâche et se libère.

Mon aroma doudou

La camomille romaine est une huile essentielle précieuse. Ayez toujours un petit flacon dans votre sac à main, car elle calmera toutes vos émotions. En raison de son prix, il est inutile de gaspiller quelques précieuses gouttes sur un mouchoir. Respirez directement au flacon autant de fois que nécessaire.

Mon programme d'équilibre body & mind

Gérer vos émotions, c'est un bon début. Cela vous permet de vous détendre, de vous débarrasser des émotions négatives et de la mauvaise humeur. Ok, mais la sophro, ce n'est pas qu'une relaxation, c'est bien plus que ça! Il s'agit d'une vraie happy therapy. Objectif harmonie parfaite et bien-être total avec ce petit programme de 3 exos! Pratiquez 15 minutes, 2 fois par semaine pour être en phase avec vous-même body & mind!

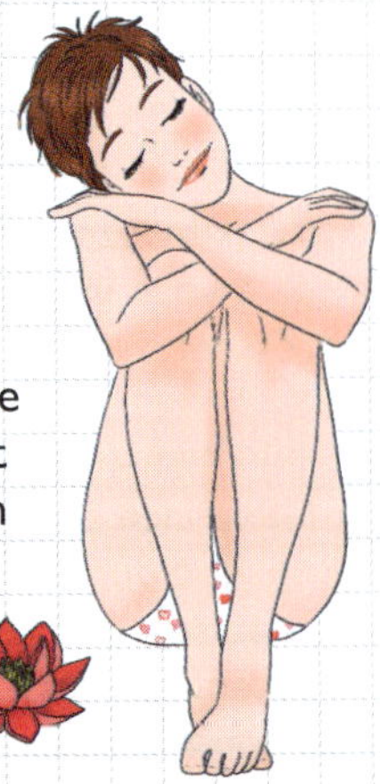

Comment ça marche?

Un programme body & mind

Votre équilibre mental est intimement lié à votre équilibre corporel. Lorsque vous êtes bien dans votre corps, vous vous sentez plus sûre de vous. C'est pourquoi ce programme body & mind utilise des exercices de relaxation dynamique, visualisation et respiration qui équilibrent à la fois le corps et l'esprit. Ainsi, step by step, vous êtes plus sûre, plus confiante et plus épanouie, sans aucune faille, car votre corps et votre esprit sont de parfaits alliés pour avancer. Vous êtes une warrior!

Un programme qui travaille les... hémicorps

Hémi... Quoi ? Tout comme l'hémisphère est la moitié de la sphère, l'hémicorps est la moitié du corps ! Déjà un peu plus simple à comprendre, non ? Les exercices travaillant les hémicorps sont des classiques de la sophrologie. Ils vont vous permettre de prendre conscience de votre équilibre... afin de renforcer votre stabilité intérieure !

Je trouve mon body équilibre

Pratiqué 2 fois par semaine, cet exercice d'étirement des hémicorps aide à se sentir ancrée et équilibrée. C'est une excellente pratique pour arrêter de trop penser, pour détendre son corps et trouver un juste équilibre. Vous allez vous étirer et vous grandir à droite, puis à gauche pour trouver une harmonie gauche-droite. Enfin entière, en harmonie et ancrée dans l'instant présent !

Ma relaxation dynamique des hémicorps

Installez-vous, debout, pieds parallèles écartés de la largeur du bassin, bras le long du corps. Votre tête est droite, alignée avec votre colonne vertébrale. Fermez les yeux et prenez le temps de vous connecter à votre souffle et à vos sensations corporelles. Basculez le poids de votre corps sur la jambe droite. Inspirez en levant votre bras droit à la verticale et bloquez votre respiration pour étirer tout votre côté droit avec l'intention de vous grandir. Gardez le côté gauche de votre corps parfaitement relâché. Et soufflez par la bouche, en relâchant complètement votre bras droit le long du corps. Revenez en appui sur vos deux pieds. Prenez quelques respirations naturelles et profitez-en pour accueillir vos ressentis à droite, puis à gauche. Ressentez le déséquilibre de votre corps. Recommencez l'exercice à gauche. Ressentez ensuite l'équilibre. Vous pouvez recommencer avec les deux bras en même temps. Veillez à toujours respecter des moments de pause pour accueillir la sensation d'être équilibrée, bien ancrée, ici et maintenant !

J'équilibre mes énergies

Une fois que vous avez retrouvé votre body équilibre grâce aux étirements des hémicorps, il est temps de retrouver une circulation harmonisante de vos énergies, de la tête aux pieds, à l'aide de la visualisation et de votre souffle ! En respirant, vous faites le plein d'énergie, et en visualisant la circulation de l'air de haut en bas, à gauche puis à droite, vous la diffusez de façon équilibrée dans tout le corps. De quoi body positiver !

Ma respiration des hémicorps

Debout ou allongée, fermez les yeux. Inspirez profondément par les narines en imaginant votre souffle entrer par la plante de votre pied gauche et circuler dans l'ensemble de votre corps (le long de votre jambe, dans vos côtes, dans l'espace de votre cœur, puis dans votre bras jusqu'aux bout des doigts, sans oublier votre visage jusqu'au sommet de votre tête). Expirez en imaginant libérer le souffle par la plante du pied droit en passant par l'autre côté de la tête, par l'autre bras, les autres côtes, l'autre jambe. De nouveau, inspirez sous le pied droit, voyez votre souffle se diffuser dans l'ensemble de votre corps et soufflez, pour libérer le souffle sous le pied gauche.
Continuez à votre rythme quelques minutes.

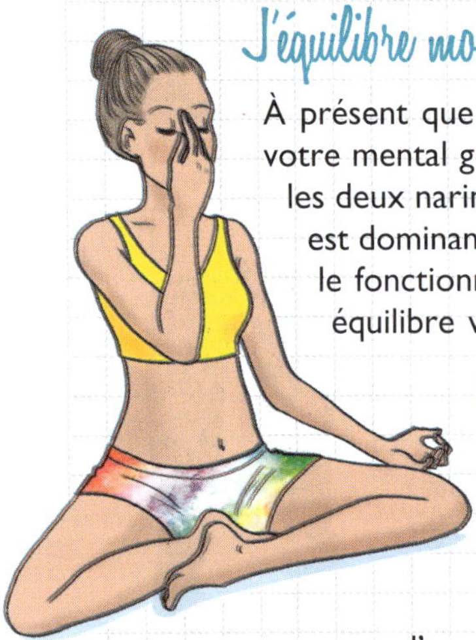

J'équilibre mon mental

À présent que vous avez équilibré votre corps, puis votre énergie, équilibrez votre mental grâce à la respiration. Vous ne respirez pas de manière égale par les deux narines… Votre corps alterne des cycles respiratoires où une narine est dominante d'un cycle à un autre. La respiration alternée aide à normaliser le fonctionnement de votre respiration. C'est une technique puissante qui équilibre votre mental, totalement concentré sur la respiration !

La respiration alternée

Fermez les yeux et asseyez-vous dans une position confortable. Vous pouvez utiliser votre coussin de méditation pour avoir le bassin légèrement surélevé, le dos droit. Positionnez votre index et votre majeur de la main droite entre les sourcils. Vous utiliserez le pouce pour fermer votre narine droite et l'annulaire pour boucher la narine gauche.
Pour commencer, bouchez votre narine droite avec votre pouce et inspirez par la narine gauche, puis bouchez votre narine gauche avec votre annulaire et soufflez par la narine droite. Inspirez narine droite, soufflez à gauche, inspirez à gauche et soufflez à droite, etc. Continuez jusqu'à ressentir un profond bien-être et un sentiment de calme intérieur en respirant régulièrement et lentement. Revenez à une respiration naturelle. Observez de nouveau votre souffle avant de rouvrir les yeux.
Vous pouvez commencer par une pratique de 5 minutes. Lorsque vous serez complètement à l'aise, pratiquez pendant 10 minutes.

Mon aroma harmonisante

La lavande fine est l'huile essentielle la plus renommée et la plus utilisée. Elle est très calmante et est connue pour ses vertus relaxantes et équilibrantes. Que ce soit en diffusion, dans le bain ou en massage, la lavande fine fait des merveilles pour vous aider à retrouver une harmonie ! Afin de renforcer l'action de votre séance, mettez une petite goutte sur vos poignets, à respirer avant votre pratique !

Chapitre 3

Ma sophro positive attitude

Écoutez-vous parler : «J'en ai marre», «Je suis nulle», «Je n'y arriverai jamais!», «C'est sûr, ça sera une mauvaise journée»... Avez-vous déjà remarqué combien vos émotions et vos pensées négatives influent sur l'ambiance autour de vous? Combien ça vous plombe le moral? Vous êtes responsable de ce que vous pensez, c'est vous qui décidez si vous voulez voir la vie en rose ou broyer du noir, et grâce à ce cahier, vous avez le pouvoir de changer les choses. Bien plus que penser positif, vous allez transformer toutes vos attitudes et votre vie... Et pour ça, la sophro est la méthode la plus concrète et la plus efficace. Chacune de vos «malchances» n'est pas si mauvaise que ça, vous verrez! C'est parti pour la happy attitude!

Le pouvoir de la pensée positive!

Vous ne connaissez pas encore le pouvoir des pensées positives? Il s'agit d'augmenter son bonheur par des suggestions positives. Mais attention à ne pas vous faire des illusions! Il n'est pas question, ici, de se forcer à penser positif et à se mentir en refoulant ses émotions! En effet, si la pensée positive augmente le bonheur des gens heureux, elle déprime ceux qui sont malheureux. En revanche, vous pouvez déjà apprendre à devenir beaucoup plus optimiste! Nous possédons tous l'aptitude au bonheur, il s'agit juste de la découvrir et de la booster. Bientôt, vous serez hyper positive!

Les bienfaits de la pensée positive sur ma santé

Pour être en bonne santé il est nécessaire de bien manger, bien boire, bien bouger et... bien penser! Les pensées positives abaissent votre niveau de stress, améliorent votre système immunitaire et votre santé cardio-vasculaire. Elles boostent votre bien-être au quotidien. Vous retrouvez aussi une meilleure qualité de sommeil. Plus vous pratiquez, plus vous êtes positive et en bonne santé. Pas mal!

Comment la sophro peut-elle booster ma positive attitude ?

La sophrologie propose de cultiver, de nourrir et d'enrichir un état d'esprit positif en dissipant les émotions négatives grâce à la relaxation physique et mentale, et en boostant votre pensée positive grâce à la visualisation et aux affirmations positives. Être positif n'est pas quelque chose qui nous arrive de l'extérieur, c'est quelque chose qui s'apprend ! Voici le top des exos sophro et des tips pour booster votre positive attitude !

Speak positive !

Mes petites phrases positives

La méthode Coué n'est plus à présenter. Il s'agit du pouvoir d'autosuggestion, autrement dit d'ancrer dans son esprit des mantras positifs pour se programmer. Il suffit de se répéter 10 fois de suite et 3 fois par jour à haute voix : « Tous les jours et à tous points de vue, je vais de mieux en mieux », ou tout autre phrase positive de votre choix qui vous parle davantage. Les possibilités de l'autosuggestion sont sans limites !

Je crée mon autosuggestion

Pour que la magie opère plus vite, créez vos propres phrases ! Vous pouvez commencer par : « Je » pour vous sentir beaucoup plus impliquée, et veillez à utiliser le présent ou un futur proche. Formulez uniquement une phrase positive composée de : votre décision, votre demande ou votre objectif. Par exemple : « Je suis de plus en plus… » ou même : « Ma… s'améliore de jour en jour ». Encore mieux, pour développer l'estime de soi au positif, vous pouvez pratiquer cet outil devant votre miroir. Répétez : « Tu es formidable », « Tu es belle », « Tu es capable »…

....

....

....

Et en version sophro ?

Vous pouvez pratiquer l'autosuggestion avec la respiration synchronique (voir p. 22). Les mantras positifs, ça marche aussi !

Le top 8 des mantras positifs

- « Je me nourris de mots et de pensées positives. »
- « Ma vie a des possibilités infinies. »
- « Je suis positive en toutes circonstances. »
- « J'apprends de toutes mes expériences. »
- « Je suis plus forte que ce que je crois. »
- « Je peux et je vais le faire. »
- « Chaque nouvelle décision que je prends devient réalité dans ma vie. »
- « Je ne m'accroche à rien et je profite de tout. »

Écrivez-les aussi sur des Post-it et collez-les bien en évidence sur votre ordinateur, au-dessus de votre miroir et même au dos de votre smartphone. Plus d'excuse : pensez POSITIF partout et tout le temps !

J'insuffle de la positive attitude à ma vie !

Martin Seligman, le fondateur de la psychologie positive, ne s'est pas arrêté à l'autosuggestion. Il a constaté que nos émotions positives, la motivation, l'espoir, l'empathie et la gratitude notamment, boostaient aussi le bonheur. Ça tombe bien, la sophro a tous les outils qu'il faut pour cela !

J'adopte le sourire

Quand vous souriez, vous vous sentez bien et vous êtes moins stressée. Un sourire peut même prolonger la durée de votre vie, c'est prouvé ! Quand votre cerveau reçoit l'information d'un sourire, il libère des endorphines, les hormones du bien-être. Cette endorphine est sécrétée dans tous vos états positifs. Et quand vous riez ? Vous libérez l'énergie négative du corps grâce à la dopamine (hormone du plaisir) ! Vous souriez déjà ? Super ! En plus, quand le cerveau sécrète des hormones du bonheur, il coupe la sécrétion d'hormones du stress. Double bonus !

Ma visualisation sophro smile

Vous avez compris, vous avez tout intérêt à sourire. Je vais même vous donner une visualisation qui donne la banane ! Installez-vous confortablement dans votre position assise chouchou. Fermez les yeux et relâchez votre corps à l'aide de quelques expirations, souffles, soupirs… Observez et ressentez tout votre corps détendu, et portez plus particulièrement attention à votre visage. Observez votre visage, sa forme, ses traits, ses rides d'expression, ressentez et imaginez les rides de votre front, au coin de vos yeux, de votre bouche. Relâchez toutes les tensions dans votre visage et sentez-le totalement détendu. Une fois votre visage complètement lisse, visualisez une personne aimée qui vous sourit. Laissez son sourire se diffuser dans votre cœur et rendez-lui son sourire. Sentez tout votre visage se détendre encore plus profondément. Restez un moment à contempler votre visage, votre sourire et tous les sentiments positifs que cela procure. Quand vous voulez, ouvrez les yeux et souriez à la vie!

Mon petit smile challenge

Souriez le matin au réveil pour booster votre bonne humeur, souriez dans la rue ou au travail pour envoyer de belles énergies à vos collègues… En plus de vous rendre belle et rayonnante, sourire réduit votre stress, et vous constaterez très vite les résultats positifs sur votre humeur. Essayez et, au pire, ça marchera! Le challenge? 10 sourires par jour!

Mes 10 sourires de la journée

✔ ……………………………………………………

✔ ……………………………………………………

✔ ……………………………………………………

✔ ……………………………………………………

✔ ……………………………………………………

✔ ……………………………………………………

✔ ……………………………………………………

✔ ……………………………………………………

✔ ……………………………………………………

✔ ……………………………………………………

Je cultive la gratitude

La gratitude, vous en entendez parler mais vous ne savez pas vraiment ce que c'est? C'est être reconnaissante, tout simplement! Apprécier ce que font les autres pour vous, apprécier la vie, être reconnaissante pour ce que vous avez et ce que vous êtes! La gratitude est un merveilleux outil de positivité qui permet de ressentir de la joie de vivre… Il s'agit de saisir toutes les petites chances que vous avez, tous les petits bonheurs que la vie vous offre. Chaque instant devient alors un événement positif!

Ma méditation sophro sur la gratitude

Méditer sur la gratitude permet d'entraîner votre cerveau à produire davantage de bonheur, de joie et de bonne humeur.

Let's go!

Installez-vous confortablement, fermez les yeux et concentrez-vous quelques instants sur votre respiration jusqu'à ressentir le calme. Portez maintenant votre attention sur les choses autour de vous (les sons, les mouvements, les vibrations, les odeurs…) et remerciez intérieurement toutes ces choses. «Je ressens de la gratitude pour…», «Je suis reconnaissante pour…». Puis dirigez ensuite votre attention sur les personnes importantes dans votre vie : votre famille, vos amies les plus chères…

Ressentez l'amour et la gratitude que vous leur portez et qu'elles vous portent, et de nouveau remerciez-les intérieurement. Enfin, soyez reconnaissante envers la vie : pensez à la chance d'être en vie, en bonne santé, d'avoir toutes ces capacités sensorielles, vos qualités, vos valeurs… Prenez le temps d'apprécier toutes ces belles choses en vous et autour de vous.

Pratiquez cette méditation 1 fois par semaine, 2 minutes, 5 minutes… Avec un peu d'entraînement, vous pourrez facilement pratiquer 10 minutes !

Ma to-do list des petits bonheurs

Il est grand temps de faire une to-do list efficace pour recharger vos batteries et vous rendre la vie plus belle et plus positive ! Cette liste est là pour vous rappeler combien la vie est belle ! Le principe est simple : relisez cette liste chaque fois que vous avez une baisse de moral, elle reboostera votre positive attitude. N'hésitez pas à la compléter !

- Admirer le lever ou le coucher de soleil.
- Me faire un « petit déj' n'importe quand dans la journée.
- Sentir l'odeur du café le matin.
- Dérouler mon tapis de yoga.
- Boire une boisson chaude.
- Marcher pieds nus.
- Lire un livre au soleil ou devant la cheminée.
- Écouter la pluie tomber.
- Faire la sieste.
- Prendre un bain chaud.
- Allumer de l'encens.
- Ouvrir la fenêtre et me glisser à nouveau sous ma couette.
- Faire une journée pyjama.
- Organiser une soirée « plateau télé végé » entre copines.
- ……………………………………………
- ……………………………………………

Je deviens une little miss sunshine !

Critiquer par-ci, critiquer par-là, et c'est le mauvais karma assuré ! Ce qu'on critique chez les autres est souvent ce qu'on supporte mal chez soi. Mieux vaut être en paix avec le monde pour être bien avec soi. Car ce qui est sûr, c'est que faire rayonner le bonheur, la joie et la paix autour de soi nourrit sa force intérieure et ne peut qu'attirer de bonnes choses. Vive la loi d'attraction !

Ma visualisation sophro sunshine

Tout comme l'amour ou la joie, le positif est encore plus grand quand il se partage. C'est tout l'intérêt de cette visualisation avec intention : projeter du positif en soi et autour de soi pour faire grandir la positive attitude !

Let's go!

Confortablement installée, relâchée et détendue, fermez les yeux et posez une main sur votre cœur. Répétez-vous intérieurement : «Je suis heureuse et en paix.» Continuez de vous répéter ces mots et ressentez des sentiments de bien-être. Pensez maintenant à un être cher et imaginez qu'il est devant vous… Dites-lui : «Sois heureux et en paix.» À présent, pensez à une connaissance qui ne représente rien de spécial à vos yeux, et adressez-lui des mots bienveillants : «Sois heureux et en paix» et enfin… Adressez-vous mentalement au monde entier : «Soyez heureux et en paix.»
Adoptez cette pratique dès que vous ne vous sentez plus en paix dans une relation, pour à nouveau positiver!

J'installe du positif dans mon corps

La positive attitude, ce n'est pas que dans la pensée ou dans l'attitude. Votre corps aussi a besoin de positif! Pourtant, il n'est pas épargné par les douleurs : crispations, tensions, courbatures… Il est temps de lui apporter du bonheur! La sophrologie vous permet de vous reconnecter à des sensations positives et de les inscrire en vous, dans votre corps!

Je diffuse le positif dans mon corps

Que vous soyez au travail, dans les transports ou dans votre lit, cette pratique permet, par le biais d'une visualisation, de diffuser dans votre corps tout le positif qu'il vous inspire. La visualisation va déclencher les mêmes effets physiologiques que le ferait la réalité!

Ma visualisation de l'image de bonheur

Prenez le temps de vous installer dans votre position chouchou de relaxation. Fermez les yeux pour vous isoler du monde extérieur et prenez quelques profondes respirations. Laissez venir à vous une image agréable et positive. Un endroit où vous vous sentez bien (la mer, l'océan, une plage paradisiaque, l'Everest…). Observez cette image dans ses moindres détails. Et vous allez diffuser tous les sentiments positifs que vous inspire cette visualisation dans votre corps. Inspirez profondément sur cette image, nourrissez-vous-en, et sur l'expiration, diffusez le bien-être que vous procure cette image dans votre corps. En suivant votre souffle, imaginez ce bien-être s'installer dans la moindre parcelle de votre corps. Dans toutes les zones inconfortables, bien sûr, mais aussi dans toutes les zones agréables, oubliées…
Vous pouvez continuer cette visualisation quelques minutes, jusqu'à en ressentir les bienfaits physiques.

Je programme une journée positive

Si je vous dis : « Qui serez-vous dans dix ans ? », vous ne le savez pas encore et c'est bien normal. En revanche, vous pouvez peut-être vous projeter dans 2 minutes ou 2 heures ? C'est déjà plus facile. Quoique… Vous êtes sans doute plus habituée à projeter des scénarios négatifs (« Ça va mal se passer », « Elle ne va pas être contente », « Je ne vais pas y arriver ») que des scénarios positifs ? Heureusement, la sophrologie est très efficace pour entraîner vos pensées et votre esprit à se tourner vers le positif ! Et il est même possible de programmer son esprit à penser positif pour toute la journée à venir, même si c'est un jour d'entretien d'embauche ! No excuse pour ne pas voir le verre à moitié plein !

Ma morning routine sophro positive

Je fais quelques respirations

Dès le réveil, lorsque vous vous étirez dans votre lit douillet, profitez de quelques respirations profondes : sentez l'air frais parcourir votre corps et vous remplir de belles énergies sur l'inspiration, et sentez l'air tiède de l'expiration vous débarrasser de toutes les toxines de la nuit… Continuez sur quelques cycles respiratoires. Cet exercice réveille votre organisme et vous emplit de toutes les énergies positives dont vous allez avoir besoin tout au long de votre journée.

Je programme ma journée

Assise sur le rebord du lit, avant même de vous lever, fermez les yeux pour visualiser votre journée à venir. Imaginez cette journée se dérouler de manière positive : les tâches que vous devez accomplir, les moments de calme, de détente… Laissez défiler dans votre esprit l'intégralité de votre journée, heure après heure. Cette visualisation permet de programmer votre journée à l'avance comme vous la souhaitez.

Prenez l'habitude de pratiquer cette visualisation chaque matin, votre vie va ressembler à un voyage positif !

Je respire mes huiles essentielles

Toutes les huiles essentielles d'agrumes, comme le citron vert, le pamplemousse, la mandarine verte ou même l'orange douce, sont idéales pour remonter votre joie de vivre. En plus de leurs propriétés calmantes, elles sont excellentes pour remonter le moral et chasser les idées négatives ! Appliquez une petite goutte sur l'intérieur de vos poignets chaque matin.

Chapitre 4

Mes rituels antistress

Évidemment, quand on est une fille urbaine et up-to-date, on est hyper occupée. Et c'est normal, il faut bien travailler, mais aussi profiter de la vie, faire des activités et sortir ! Pourtant, à force de courir un peu partout et de s'imposer mille choses, on accumule du stress et on perd sa feel good attitude. Good news : la sophro vous sauve la vie et vous déstresse en quelques minutes quand vous vivez des situations compliquées. Mieux, elle vous apprend à cultiver la cool attitude au quotidien !

Au fait, le stress, d'où ça vient ?

Le stress, ce n'est pas franchement un cadeau. Et pourtant, cette réaction de l'organisme n'existe pas uniquement pour nous embêter. À l'origine, cette réaction sert à mettre l'organisme en alerte pour le préparer à répondre à une situation imprévisible, inconnue, ou à un danger : elle augmente vos capacités et permet de vous adapter. C'est bien, lorsqu'on a besoin de se défendre sur-le-champ, comme le jour où vous avez failli vous faire renverser par un scooter : le stress a déclenché une décharge d'adrénaline qui vous a poussée à reculer *illico*. Mais c'est plus ennuyeux lorsqu'on vit un stress chronique. Si vous êtes trop longtemps sous l'emprise du stress, le corps s'épuise, cela endort le système immunitaire, bloque la production de neurones dans l'hippocampe (ce qui altère l'humeur), attaque l'organisme (car les globules blancs sont produits en surnombre)…

Test : À quelle phase de stress j'en suis ?

Votre cœur bat vite et fort, vous avez la sensation que vos jambes sont coupées, vos mains sont moites et vos pensées focalisées sur l'instant ? Vous avez tous les sens en éveil et avez du mal à vous concentrer sur ce que vous êtes en train de faire, prise de panique…

→ **Vous êtes à la phase 1 : l'alarme !** Vous vous préparez à faire face ! Tous vos sens sont en alerte et vous mobilisez toutes vos ressources et votre énergie pour réagir à un danger imminent ! La phase d'alarme est courte, elle peut durer seulement quelques minutes. Grâce à des exercices de respiration (p. 50 : « J'ai les nerfs en pelote »), vous pouvez rapidement retrouver votre calme et réagir avec tout votre sang-froid.

Vous vous sentez fatiguée, avez des tensions musculaires dans le haut du corps (nuque, cervicales, épaules), des maux de tête et un inconfort digestif… Vous attrapez souvent des petits virus aussi…

→ **Vous êtes à la phase 2 : la résistance !** Votre organisme s'adapte tant bien que mal au stress chronique et au taux de cortisol élevé. Attention : à force de pousser votre corps au maximum, vous consommez vos réserves d'énergie ! Il est temps d'éliminer le stress de votre vie et de revenir dans l'instant présent, pour retrouver le bien-être mental et physique. Rendez-vous p. 49 (la respiration antistress), p. 50 (le décompte respiratoire) et p. 22 (la respiration synchronique) !

Vous êtes épuisée, les problèmes dermato s'invitent dans votre vie (boutons en tout genre, eczémas, psoriasis…), vous avez des palpitations et parfois même des vertiges. Par moments, vous avez envie de pleurer sans raison, de crier. Votre confiance en vous est totalement down, vous avez tendance à vous saboter.

→ **Vous êtes à la phase 3 : l'épuisement !** Vous êtes débordée, toutes vos réserves d'énergie sont consommées. Les tensions s'installent durablement, votre résistance s'épuise, et vous commencez à être un peu déprimée. Vous n'avez plus envie de rien. Réagissez ! Prenez du temps pendant un week-end, par exemple (p. 65), et apprenez à réduire le stress au quotidien (p. 53 : la respiration carrée ; p. 88 : la visualisation en forêt ; p. 31 : la relaxation des hémicorps) !

J'adopte des rituels zen attitude

La sophro est hyper efficace pour vous déstresser en quelques minutes. Que vous soyez dans la phase d'alarme, la phase de résistance ou épuisée, les rituels sophro deviendront rapidement votre espace de calme et de détente. Ok, mais est-ce qu'on a vraiment besoin d'être en méga stress pour utiliser la sophro? Sûrement pas! Pourquoi la limiter à un outil SOS, quand elle peut vous permettre de commencer la journée dans un bon mood, vous détendre le soir et vous donner de petits coups de pouce tout au long de la journée? Bref, de vous transformer en une fille cool, calme et rayonnante. Que vous soyez dans une période de grosse pression ou pas, la sophro va vous permettre d'être vraiment bien dans votre quotidien. Se sentir tranquille, légère et bien dans ses escarpins chaque jour, c'est pas mal, non? *Keep cool and smile!*

En mode rituels

Le must pour maintenir la cool attitude chaque jour, c'est d'adopter des rituels sophro antistress. Les rituels et les routines (c'est-à-dire un petit enchaînement de rituels) sont des outils magiques! Le principe : répéter régulièrement un geste en le chargeant d'une intention. Grâce à la plasticité cérébrale et à force de répétition, les rituels s'ancrent dans le cerveau jusqu'à le transformer. L'effet du rituel est alors démultiplié. On vous a concocté de belles routines pour rendre vos matins et vos soirées plus agréables, vous relaxer dans les transports ou au boulot, dire bye bye à votre déprime du dimanche soir et vous endormir comme la Belle au bois dormant!

Ma morning routine sophro antistress

Vous avez sans doute votre petite routine matinale, sans même vous en rendre compte (#douche-déo-métro en mode express)… Bof bof. Rien de pire pour mettre le corps en stress, tous les jours, dès le matin. Heureusement, une morning routine sophro structure votre journée de manière beaucoup plus positive et sans stress. Vous allez vous lever plus tôt (beaucoup plus tôt, c'est le prix à payer!) pour étirer votre corps, bien vous réveiller, être douce avec vous-même et éventuellement prendre du temps pour vous (yoga, méditation…). L'idée? Vous mettre en condition pour passer une journée détendue, sans stress!

Si vous faites partie des lève-tard endurcies, commencez lentement en vous levant 30 minutes plus tôt que d'habitude. Habituez-vous plusieurs jours, puis avancez encore votre réveil… Même si vous trouvez ce rituel un peu fou et étonnant, vous verrez que vous ne reviendrez plus jamais en arrière!

Je me lève à 5 heures

Ça pique un peu au début, mais ça passera. Bientôt, les premières heures du jour deviendront votre moment préféré ! Pourquoi ? Parce que tout est calme et silencieux, c'est un temps suspendu, consacré rien qu'à vous et à votre bien-être ! Se lever à 5 heures vous permet de pratiquer la petite routine de réveil toute douce ci-dessous.

Encore dans mon lit, je m'étire !

Vous adorez sans doute rester dans votre lit douillet pour vous réveiller doucement. Bonne nouvelle : vous pouvez pratiquer la sophro sous la couette ! S'étirer est aussi bon pour votre corps que pour votre esprit. Vous allez éveiller vos sens, dégourdir votre corps, réveiller vos muscles et vos articulations en douceur, stimuler votre circulation sanguine, booster votre énergie… Un moment hyper agréable et relaxant !

Let's go !

Respirez plusieurs fois, profondément, avec le ventre (voir la respiration abdominale, p. 11). Puis commencez vos étirements. Portez attention à votre corps, sa position, ses points d'appui, ses courbes et ses creux… Explorez ses limites avec beaucoup de douceur : inspirez profondément par le nez en levant les bras, doigts entrecroisés, et en étirant vos jambes jusqu'aux bouts des orteils, puis soufflez, toujours dans la même position. Sur chaque inspiration, laissez votre corps s'étirer naturellement et se détendre sur chaque souffle. Maintenez encore quelques instants cette position. Concentrez-vous sur toutes vos sensations corporelles. Revenez les bras le long du corps.

Je booste mon énergie

Ça va vous faire émerger ! La respiration apporte à vos organes et tissus toute l'énergie dont ils auront besoin durant la journée. Elle est particulièrement indiquée dans une morning routine antistress parce qu'elle régule le système cardiovasculaire, abaisse la tension artérielle, renforce les défenses immunitaires… Bref, elle régule les émotions et chasse le stress. Un bon exercice pour stimuler l'ensemble de votre corps. En plus, cet exercice de respiration contient une petite visualisation qui vous remplira de bonnes vibes !

Ma relaxation dynamique énergisante

Toujours, allongée, les bras le long du corps, paumes de mains tournées vers le ciel, laissez vos pieds tomber naturellement vers l'extérieur. Fermez les yeux et partez à l'écoute de votre corps, ses sensations, ses zones engourdies ou douloureuses peut-être, depuis le sommet de votre tête jusqu'aux pieds. À l'inspiration, remplissez tout votre corps de bien-être (imaginez une couleur agréable, une image de vacances, des petits bonheurs de la vie…). Et, sur l'expiration, dirigez par la visualisation votre souffle sur ces zones et diffusez-y ce bien-être. Chaque souffle apporte plus de légèreté à votre corps.

En me levant : je travaille ma positive attitude

Il faut bien sortir un jour du lit ! Vous allez maintenant vous lever avec un petit rituel pour être bien body & mind ! Tout en prolongeant encore le réveil du corps (vous poursuivez les étirements de la colonne, ce qui, symboliquement, vous donne force et équilibre), vous allez vous programmer pour vivre une journée sans stress grâce à la visualisation d'une bulle protectrice feel good. Objectif ? Éviter le stress en induisant à la place une bonne humeur et la positive attitude (rappelez-vous, vous ne pouvez pas sécréter en même temps les hormones du stress et les hormones du bien-être, donc en boostant votre positive attitude, vous faites un geste antistress) !

Ma relaxation dynamique feel good

Asseyez-vous sur le bord de votre lit, le dos bien droit et la tête alignée. Vos pieds sont à plat sur le sol. Inspirez profondément par le nez en levant les bras sur les côtés, jusqu'à ce que vos paumes de mains se rencontrent au-dessus de votre tête. Bloquez votre respiration et, en gardant l'air dans vos poumons, étirez toute votre colonne vertébrale. Soufflez et laissez vos bras redescendre sur les côtés. Vos bras dessinent naturellement une bulle de bien-être qui vous enveloppe : imaginez-la.
Recommencez 3 fois en prenant le temps d'intégrer les sensations entre chaque exercice.

Je commence ma journée en mode cool

Maintenant, vous pouvez commencer votre journée en prenant du temps pour vous ! Au lieu de démarrer avec des contraintes stressantes (se dépêcher de se préparer, prendre le petit déj' sur le pouce ou le zapper), mettez en place une hygiène de vie bien-être et antistress.

Pendant 1 heure, faites-vous du bien : allumez de l'encens ou diffusez une huile essentielle antistress pendant que vous préparez votre thé préféré (un moment de pleine conscience déstressant), que vous faites du yoga ou votre séance de sport (bons pour vous défouler ou vous recentrer et déstresser), écoutez de la musique (ça relaxe !) ou méditez avec votre mantra antistress du jour… Vous trouverez vite comment combler votre petit matin antistress.

Mon evening routine sophro

Si la morning routine permet de commencer la journée en étant calme et en se donnant une énergie positive, l'evening routine sert de transition entre votre vie pro et perso. Vous vous libérez de toutes les tensions accumulées dans la journée, vous déstressez pour profiter de la soirée.

Je me détends !

Vous allez apprécier ce petit moment de pause ! Offrez-vous-le chaque soir, allongée sur votre tapis de yoga, comme des retrouvailles avec vous-même. Ça va devenir votre instant chouchou, celui auquel vous rêvez toute la journée ! En quelques minutes seulement, vous obtiendrez une profonde détente grâce à la posture coocooning, le souffle calmant et l'intention de libération (*via* la visualisation) qu'il mobilise. Toutes vos émotions, vos pensées et vos tensions disparaissent.

Ma respiration en mode wavy

Installez-vous confortablement, allongée, votre coussin derrière la tête, plaid sur le corps, encens ou bougie allumée… Posez une main sur votre ventre et une main sur votre poitrine. Respirez naturellement. Fermez les yeux et isolez-vous du monde extérieur. Concentrez-vous sur vos sensations. À l'inspiration, sentez l'air qui rentre par vos pieds et remonte jusqu'au sommet de votre tête, comme une vague qui apporte au corps tout ce dont il a besoin (énergie, détente, bien-être, positive attitude…). Et, à l'expiration, l'air redescend et emporte avec lui toutes les toxines, les déchets, les tensions, les inquiétudes, tout ce dont vous voulez vous débarrasser, et les évacue par vos plantes de pieds. Trouvez votre rythme et sentez votre corps se laisser aller au flux et au reflux.

Continuez aussi longtemps que nécessaire. Au début, cela peut être 2 minutes, puis 5… Vous arriverez très vite à vous offrir chaque soir 10 minutes de bien-être !

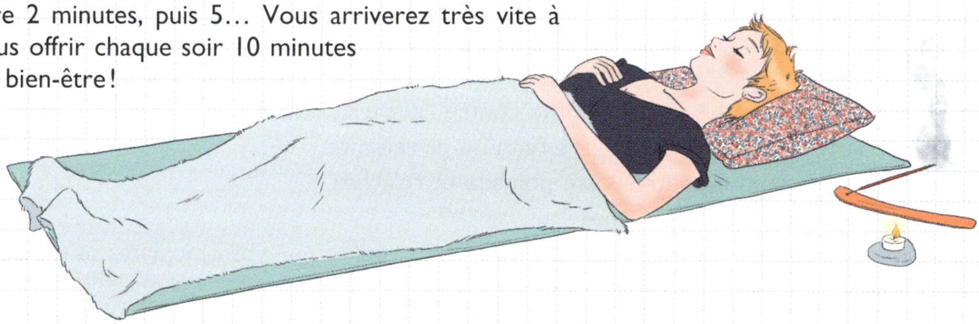

Ma routine sophro sweet dreams

Vous avez déjà programmé votre réveil. Vous êtes fin prête à vous endormir (ou presque !). Les problèmes d'endormissement sont souvent dus au stress, aux soucis et aux angoisses qui ressurgissent. Appréciez la chaleur de votre couette et profitez de votre rituel zen du soir ! Cette petite routine sophro sweet dreams est un must have. Elle vous permet de créer un espace pour apaiser votre tête et votre corps et vous préparer au sommeil. Vous vous endormirez vite et passerez une bonne nuit réparatrice ! Quelques minutes, chaque soir suffisent pour observer rapidement une amélioration de votre sommeil.

Ne pas bénéficier d'un bon endormissement et d'une bonne nuit récupératrice perturbe votre organisme tout entier (fatigue, prise de poids, difficulté de concentration, stress…) mais agit aussi sur votre moral.

Je relâche progressivement tout mon corps avec la relaxation de Jacobson

Très efficace contre le stress ! Vous allez pratiquer la relaxation progressive de Jacobson, un médecin américain du XXe siècle. Cet exercice sert à évacuer toutes les tensions corporelles en premier lieu, avant de détendre votre esprit. C'est une relaxation dynamique qui utilise la sensation agréable de relâchement du corps. Une fois libérée de vos tensions physiques, vous serez plus dispo aux exercices suivants de respiration (pour la relaxation mentale) et de préparation au sommeil.

Let's go !

Allongée sur le dos, vous allez progressivement vous concentrer sur toutes les zones de votre corps, l'une après l'autre, et y créer une douce tension pendant quelques secondes. Puis relâchez naturellement pour ressentir la détente. Fermez les yeux et commencez par vous concentrer sur votre respiration lente et profonde.

- Serrez les poings et relâchez.
- Tendez vos biceps et relâchez.
- Plissez le front en remontant les sourcils et relâchez.
- Froncez les sourcils comme si vous vouliez qu'ils se touchent et relâchez.
- Fermez les yeux très fort et relâchez.
- Serrez votre mâchoire comme si vous vouliez mordre et relâchez.
- Serrez vos lèvres en les pressant l'une contre l'autre et relâchez.
- Poussez la tête le plus possible vers l'arrière et relâchez.
- Pressez votre menton contre votre poitrine et relâchez.
- Remontez vos épaules et relâchez.
- Ramenez vos épaules vers l'arrière comme si vous vouliez que vos omoplates se touchent et relâchez.

- Poussez les muscles de votre ventre vers l'extérieur en les durcissant et relâchez.
- Arquez votre dos et relâchez.
- Tendez les muscles de vos fesses en les serrant l'une contre l'autre et relâchez.
- Serrez les muscles de vos cuisses et relâchez.
- Tendez les muscles de vos mollets en pointant vos orteils vers le haut et relâchez.
- Tendez les muscles de vos pieds en recourbant les orteils vers le bas et relâchez.

Sentez tout votre corps relâché, détendu. Observez les points d'appui de votre corps en contact avec votre lit. Gardez les yeux fermés.

Ma respiration 4-7-8 pour m'endormir rapidement

Maintenant que votre corps est complètement relâché de toutes les tensions accumulées dans la journée, vous allez pouvoir accueillir une technique de respiration qui va calmer votre esprit. Quoi ? Vous ne connaissez pas encore la méthode 4-7-8 ? C'est à Andrew Weil, professeur de l'université de Harvard, que l'on doit cette technique miracle permettant de s'endormir dès que la tête a touché l'oreiller ! Elle oxygène davantage qu'une respiration normale (ce qui détend les cellules), et elle pousse votre esprit à se concentrer grâce au comptage, ce qui le calme et le centre. Fini les ruminations pré-endormissement. Bon, ok, vous ne réussirez certainement pas du premier coup à vous endormir en moins d'1 minute, mais pratiquez encore et encore et bye bye, les problèmes d'endormissement !

Let's go !

Adoptez votre position de sommeil chouchou, les yeux fermés après avoir relâché tout votre corps. Touchez votre palais du bout de la langue, juste derrière les dents du haut. Tenez cette position durant tout l'exercice. Commencez par vider vos poumons en soufflant par la bouche. Fermez la bouche et inspirez profondément par le nez en comptant mentalement jusqu'à 4. Retenez l'air dans vos poumons en comptant mentalement jusqu'à 7, puis expirez assez bruyamment par la bouche en comptant mentalement jusqu'à 8.
Répétez 3 fois cette respiration miracle et laissez naturellement le sommeil vous envahir. Glissez dans le sommeil en respirant naturellement et amplement. Hop, vous dormez, c'est magique ! Et si vous vous réveillez au milieu de la nuit ? Ça marche aussi !

Mes 4 tips pour bien dormir

1. Je me mets en mode homewear au bon moment

Glissez dans votre pyjama au moment d'aller vous coucher (pas avant, sinon votre cerveau n'a pas le bon signal à l'instant T !).

2. Je me couche à heure régulière

Un jour vous vous couchez à minuit et le lendemain à 21 heures, et vous pensez que votre corps va naturellement réguler votre manque de sommeil ? Faux. S'endormir à des horaires irréguliers perturbe l'horloge interne et la libération de l'hormone du sommeil. La seule solution : vous coucher à heure régulière, en semaine comme en week-end (pour les mêmes raisons, la grasse mat' perturbe le sommeil, et en plus, elle n'est pas aussi réparatrice que les heures de sommeil avant minuit) !

3. Je trouve la bonne durée de sommeil

Vous faites peut-être partie des petites dormeuses qui se contentent de 6 heures de sommeil, ou au contraire des marmottes qui ont besoin de 10 heures. Qu'importe ! Il n'existe pas de durée idéale de sommeil. La bonne durée est celle qui vous permet d'être de bonne humeur et pleine d'énergie toute la journée.

4. Je bois une tisane de camomille ou de valériane pour me calmer

Fini, l'endormissement difficile et les réveils nocturnes ! Concoctez-vous une infusion de camomille. Elle va vous aider à retrouver un sommeil plus calme. Elle soulage les maux de tête dus au stress et toutes les petites douleurs émotionnelles et autres spasmes et crampes de votre cycle féminin !

La valériane, elle, est utilisée depuis des millénaires pour ses propriétés relaxantes. Elle vous permet de lutter contre la nervosité et l'anxiété. Elle favorise l'endormissement et soulage les douleurs musculaires, les névralgies et les spasmes. C'est la plante idéale pour faire baisser la tension due au stress !

Mes petits rituels SOS antistress

Si les morning et evening routines sont indispensables pour instituer une ambiance calme et feel good dans votre journée, il y a parfois des situations d'urgence où vous avez besoin d'une solution rapide et efficace pour déstresser !

Mes rituels relax au bureau

Le bureau, ça peut être une vraie épreuve de survie ! Pas de problème, la sophro va vous aider à faire retomber la pression et à arrêter d'angoisser. Commencez par respirer pour évacuer les premiers effets du stress, optez pour l'optimisme, et surtout profitez de vos pauses pour relaxer votre corps. Ça va aller, promis !

SOS, je stresse !

Cette respiration est très simple et pourtant très profonde ! Quels que soient l'heure, le lieu et votre position, vous pouvez très facilement revenir à votre souffle pour déstresser et retrouver tous vos moyens !

Sophro positive attitude

Imaginez un endroit où vous vous sentez bien (sur la plage, la mer, en montagne…). Inspirez et faites le plein de bien-être.

Expirez et diffusez le bien-être dans tout votre corps

SMILE !

Mantra

JE VIS EN PHASE AVEC MOI-MÊME, AVEC MES RESSENTIS, MES ÉMOTIONS ET MES BESOINS !

#SophroIsMagic

Morning routine sophro

1. Se lever à 5 heures
2. S'étirer dans son lit
3. Faire des respirations abdominales en visualisant le bien-être qui nous remplit à l'inspiration et qui se diffuse dans le corps à l'expiration
4. Dessiner avec les bras une bulle feel good autour de soi
5. Faire du yoga, lire, écouter de la musique, diffuser une huile essentielle

Tracker antistress

notes

TOP 5
des plantes antistress

Passiflore : anti-émotions négatives

Ginseng : énergisant

Aubépine : relaxante

Rhodiola : revigorante

HE de mandarine zeste : calmante

notes

SOPHRO GOODNIGHT

Touchez votre palais du bout de la langue

Expirez

Inspirez sur 4 temps

Retenez l'air sur 7 temps

Expirez par la bouche sur 8 temps

3 fois.

BON DODO !

HARMONY

La légende

Au verso, coloriez la case du jour selon votre humeur (voir légende couleur ci-dessous). Vous dessinez ainsi l'ambiance de votre mois et l'impact de la sophro dans votre vie !

- En harmonie
- Calme
- Heureuse
- Stressée
- Énervée
- Mélancolique

4 principes de la Sophro

Prendre conscience de mon corps

Prendre du recul

Renforcer le positif qui est en moi

Avancer à petits pas vers mes grands objectifs

Sophro méditation

Allumez un bâton d'encens
et fermez les yeux.
Laissez passer vos pensées,
concentrez-vous sur l'odeur
de l'encens.
Puis ouvrez les yeux
et observez la fumée,
suivez-la du regard.

ZEN !

MANTRA

En phase avec celle que je suis et celle que je veux devenir !

MANTRA

Créez l'harmonie

BODY, MIND & HEART !

Tracker
SOPHRO

NOTES

Evening routine sophro

1. Se relaxer en Savasana tout en visualisant l'énergie et le bien-être qui montent par un pied à l'inspiration, et les tensions et les soucis qui redescendent par l'autre pied à l'expiration

2. Faire un massage ayurvédique

3. Lister ses gratitudes du jour

NOTES

Respiration énergie

Posez les doigts sur le haut du thorax.

Observez le trajet du souffle qui soulève vos clavicules.

10 fois.

La légende

Au verso, coloriez la case du jour selon la légende :

Aujourd'hui, j'ai fait ma routine sophro

Aujourd'hui, j'ai utilisé un petit geste sophro

Aujourd'hui, je n'ai pas pratiqué la sophro

Faire ce suivi vous motivera à pratiquer la sophro tous les jours !

Mantra

MY LIFE IS BEAUTIFUL

MON CAHIER

Ma respiration antistress

Respirez naturellement et prononcez mentalement : « J'inspire, je sens que j'inspire. J'expire, je sens que j'expire. »
Concentrez-vous pleinement sur votre respiration.
Chaque expiration expulse passé et futur et chaque inspiration vous permet de revenir dans l'instant présent.
Continuez à votre propre rythme, jusqu'à ressentir un grand calme.

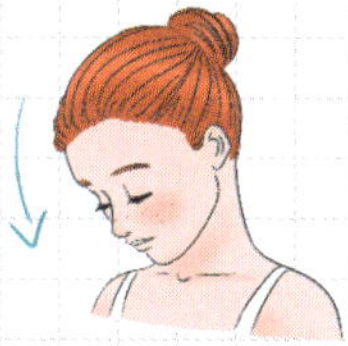

Ma routine pour libérer les tensions

Vous avez fait baisser la pression par la respiration, mais peut-être que des tensions persistent dans votre corps. Pour éviter les douleurs, vous sentir bien et évacuer le stress restant, pratiquez cette petite routine qui libère les tensions zone par zone, dans la nuque, les épaules et les bras, là où elles ont tendance à s'accumuler.

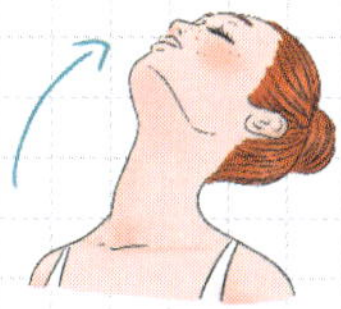

Dans la nuque quand elle fait des nœuds !

Installez-vous assise ou debout, les bras relâchés, la tête bien alignée avec votre colonne. Inspirez profondément par le nez en penchant légèrement la tête en arrière. Bloquez votre respiration quelques secondes, puis revenez la tête droite en soufflant lentement par la bouche. Recommencez 2 fois la tête en arrière, et de la même manière, 3 fois tête en avant.

Dans les bras, crispés par le stress ou le travail sur le clavier

Adoptez votre position assise de sophro (voir p. 17). La tête alignée avec la colonne, les épaules relâchées, les mains posées à plat sur vos cuisses. Fermez les yeux. Inspirez profondément par le nez en levant votre bras droit à l'horizontal (hauteur d'épaule). Bloquez votre respiration quelques instants, puis laissez redescendre doucement votre bras en soufflant par la bouche. Les deux mains sur vos cuisses.
Revenez à une respiration naturelle pour prendre conscience de votre bras droit. Recommencez 2 fois à droite, 3 fois à gauche de la même manière et terminez cet exercice en pratiquant une seule fois, les deux bras en même temps. Entre chaque exercice, respectez un temps de pause pour accueillir vos sensations.

Dans les jambes, engourdies

Assise dans votre position de sophro (voir p. 17), les bras relâchés. Inspirez profondément par les narines en levant la jambe droite à l'horizontale. Bloquez votre respiration

quelques instants. Soufflez doucement en revenant dans la position initiale, les deux pieds à plat sur le sol. Retrouvez une respiration naturelle et accueillez vos sensations.
Recommencez 2 fois à droite et 3 fois à gauche. Pour terminer, pratiquez l'exercice une fois seulement, les deux jambes en même temps. Prenez toujours le temps entre deux exercices !

J'ai les nerfs en pelote !

Vous vous sentez tendue ? Crispée ? Énervée sans raison apparente ? Vous avez besoin de vous calmer maintenant-tout-de-suite ? Ça commence par le corps. Dé-ten-dez-vous !

Je calme mon corps

Relâchez chaque zone de votre corps du sommet du crâne jusqu'à la plante de vos pieds : décrispez votre visage, relâchez les épaules et les bras jusqu'au bout des doigts, libérez votre poitrine et relâchez votre ventre. Laissez la détente couler librement dans vos jambes jusqu'aux orteils. Si des pensées surviennent et reviennent vous crisper, identifiez la zone de tension ravivée et relâchez de nouveau chaque point de votre corps.

Je calme mon esprit

Maintenant que vous avez relâché votre corps, calmez votre esprit ! Cette respiration va vous permettre de revenir dans l'instant présent, d'oublier les pensées qui vous angoissent.

Mon exo de décompte respiratoire

Décomptez de 10 à 0 à l'aide de votre respiration naturelle en prononçant mentalement : « J'inspire 10, j'expire 10, j'inspire 9, j'expire 9, j'inspire 8, j'expire 8… » etc., à votre rythme, jusqu'à 0. Si vous vous perdez dans le décompte, recommencez à 10… Et rouvrez les yeux. Vous vous êtes libérée des pensées qui vous perturbaient et vous vous sentez beaucoup plus calme et détendue. Vous avez retrouvé votre cool attitude !

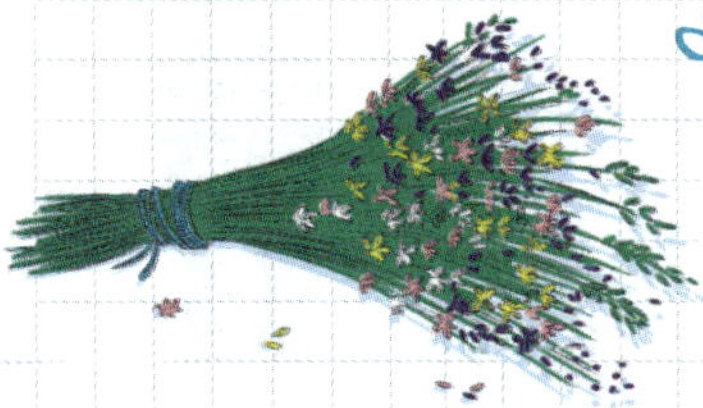

La journée, je sirote des tisanes antistress

Plutôt que de boire du café, qui augmente les hormones du stress, accélère le rythme cardiaque et la respiration, prenez l'habitude de boire de la tisane quand vous êtes stressée ! Réveillez la sorcière qui est en vous pour vous concocter de petites douceurs aux vertus antistress hyper puissantes ! Achetez ces plantes en magasin bio, individuellement ou en mix déjà fait, ou bien optez pour la préparation maison avec des feuilles et fleurs fraîches ou sèches !

Passiflore, anti-émotions négatives

La passiflore réduira votre nervosité et votre irritabilité et tout autres émotions vives et négatives ! Sirotez-la tout au long de la journée en période agitée !

Ginseng, énergisant

Il stimulera même vos capacités mentales. Buvez une tisane quand vous ressentez un coup de mou.

Aubépine, relaxante

L'aubépine est réputée depuis la nuit des temps pour traiter les palpitations cardiaques dues au stress. Cette plante traite l'anxiété, les insomnies et les troubles légers du sommeil. C'est un fortifiant naturel pour le cœur. Prenez l'habitude de boire cette tisane en soirée !

Rhodiola ou racine d'or, revigorante

La rhodiola est connue pour ses vertus tonifiantes et fortifiantes. C'est une plante équilibrante. Elle est une aide précieuse pour les périodes de grosse fatigue, buvez en 2 à 3 par jour, jusqu'à vous sentir revigorée !

Je respire de l'HE de mandarine zeste

En plus de son délicieux parfum, l'huile essentielle de mandarine zeste a des propriétés calmantes, relaxantes et équilibrantes, parfaites en complément de l'exercice de sophro. Elle vous met dans un mood positif. Appliquez quelques gouttes sur un mouchoir ou un galet (à avoir toujours dans votre sac à main !) et respirez-le de temps en temps, ou bien respirez à même le flacon, lentement et profondément…

J'oublie le sunday blues !

Le dimanche est souvent synonyme de « pyjama day » : vous traînez au lit, vous manquez d'énergie, vous mangez n'importe quand et vous vous offrez des siestes à rallonge pour au final penser que votre dimanche est gâché ! Et pourtant, chaque dimanche, c'est pareil, la déprime vous envahit à l'idée de recommencer une nouvelle semaine de travail… Alors changez vos habitudes ! Le dimanche, déconnectez pour profiter à fond de votre week-end !

Angoisser ne vous avancera pas, détendez-vous plutôt, vous serez plus positive et plus reposée pour attaquer la semaine. Le pic de ruminations vient le soir. Vous êtes bien dans votre canap', et d'un coup, vous pensez au dossier en retard pour le lendemain. Finie la détente ! Le meilleur moyen d'éviter le fameux sunday blues est de vous faire plaisir. Prenez du bon temps : sorties, yoga, relaxation, bain chaud, massage... Côté sophro, offrez-vous une petite séance spéciale dimanche soir. Exit, la déprime !

Ma petite séance sophro du dimanche soir

Vous avez besoin de dix petites minutes seulement pour revenir à vous, apaiser votre corps et votre esprit. Déroulez votre tapis, mettez une musique douce, allumez des bougies, de l'encens... Au programme : relaxation dynamique, pleine conscience, respiration et visualisation pour créer une bulle sécurisante. Parfait pour savourer pleinement votre dimanche soir... C'est parti !

Mon huile essentielle doudou pendant la séance

Diffusez de la fleur d'oranger pour vous apaiser. Utilisez-la même en dehors de la séance, 2 gouttes sur un mouchoir ou à respirer à même le flacon !

Je m'apaise body & mind

Cette pratique de relaxation va apaiser tout votre corps. Vous revenez à vos sensations et les tapotements vous détendent. C'est comme un massage relaxant de tout le corps. Instant cocooning !

Mon exo de tapotements

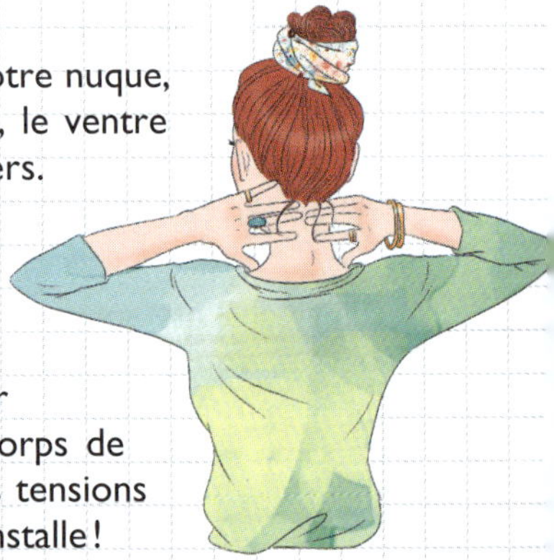

Debout ou assise, massez votre visage énergiquement. Tapotez votre nuque, vos épaules, vos bras jusqu'au bout des doigts, le dos, le thorax, le ventre et les jambes jusqu'aux pieds, sans oublier vos muscles fessiers. Revenez dans une position immobile. Fermez les yeux et prenez conscience des mouvements dans votre corps, de l'énergie qui circule et vibre en vous. Portez toute votre attention sur ces sensations corporelles, observez-les évoluer et s'apaiser naturellement... Une fois que tout est calme à l'extérieur et à l'intérieur de vous, recommencez en frottant énergiquement tout votre corps de haut en bas. N'oubliez aucune zone. Nettoyez-vous de toutes les tensions et, de nouveau, revenez en position immobile. Hop, le calme s'installe !

Je retrouve l'harmonie

Maintenant que vous êtes apaisée avec la relaxation, cet exercice de respiration va plus loin et cherche à instaurer un état de bien-être et d'harmonie. Cette respiration, qui égalise vos temps respiratoires (4 secondes d'inspiration, 4 secondes de rétention du souffle, 4 secondes d'expiration, 4 secondes de rétention), apporte structure et équilibre. C'est une respiration très complète, puisqu'à l'inspiration vous calmez le mental et stimulez l'énergie, et à l'expiration vous libérez votre corps et votre esprit et vous vous détendez. De quoi vous sentir de nouveau en harmonie !

Ma respiration carrée

Inspirez par le nez en comptant mentalement jusqu'à 4. Bloquez votre respiration, poumons pleins, pendant 4 secondes. Soufflez en comptant mentalement jusqu'à 4 et gardez 4 secondes vos poumons vides. Recommencez une dizaine de cycles respiratoires. Vous pouvez commencer sur 4 temps et augmenter au fur et à mesure de votre pratique, quand vous serez à l'aise !

Je crée une bulle doudou pour me ressourcer

À présent que vous vous sentez à nouveau calme et en phase, il ne reste plus qu'à vous remplir de confiance. Cette visualisation semi-guidée qui vous connecte à un lieu ressource vous permet de retrouver votre force intérieure. Affronter le lendemain ? Même pas peur !

Ma respiration refuge

Fermez les yeux pour vous isoler du monde. Choisissez une position confortable et laissez venir à votre esprit un paysage connu ou imaginaire. Un lieu de votre choix où vous vous sentez bien, en sécurité. Votre refuge. Imaginez que vous entrez très progressivement dans ce lieu. Prêtez attention à tous les détails : les couleurs, les ombres, les lumières, les reliefs, les odeurs et éventuellement les bruits. Vivez complètement cette image, comme si vous y étiez vraiment. Dirigez votre attention vers un arbre de votre choix. Observez-le. Posez votre main sur le tronc. Enlacez-le. Sentez sa force et imaginez ses racines. Vous vous sentez solide. Puisez cette force intérieure pour vous tranquilliser et vous sentir confiante et sûre. Après votre visualisation complète, ouvrez les yeux à votre rythme. Sans vous presser.

Cet exercice est une bonne occasion pour créer votre geste signal (voir p. 17), car il est très puissant. Mettez en place votre geste signal dès lors que vous vous sentez bien dans l'exercice et restez dans votre lieu ressource encore quelques instants.

Mon slunch contre le blues du dimanche soir

L'autre idée pour lutter contre le blues du dimanche soir, c'est de… sluncher ! À mi-chemin entre le goûter et le dîner, le slunch permet de se faire plaisir le dimanche avec des recettes rapides, faciles et réconfortantes. Histoire de clôturer le week-end sur une note positive. Au menu : des crêpes, un plateau apéro-dînatoire… De la comfort food !

Happy food !

Éliminer le stress, ça se passe aussi dans l'assiette ! Certains aliments luttent contre le stress et ses effets !

Je mange sain et végétal de préférence

Le principe : une alimentation saine bio et majoritairement végétale, car les légumes luttent contre les radicaux libres créés par le stress et par une alimentation acide (à base de viande, de graisses saturées, de fromage et de sucres, qui demandent au corps de produire de l'acidité pour les assimiler).

Je fais le plein de vitamines !

Le stress quotidien surconsomme vos vitamines et minéraux. Pour retrouver une belle énergie, un moral positif et un bon fonctionnement du système nerveux, il est important de manger des aliments riches en vitamines et minéraux : fruits et légumes frais, fruits secs, miel, céréales… Les bombes de vitamines ? Les légumes, la banane et les graines !

La banane

En plus d'être pratique à grignoter, la banane est un super antistress grâce à sa richesse en potassium, en fer et en magnésium. Elle aide à réguler l'équilibre nerveux et évite les coups de pompe grâce à sa forte teneur en vitamine B6 et en vitamine C. Bref, c'est un fruit nourrissant, idéal pour faire le plein d'énergie.

Les graines

Les graines (courge, lin, chia, citrouille, sésame) sont à la mode comme topping à parsemer dans les salades, mais elles sont aussi très bonnes pour la santé et pour lutter contre le stress. Elles sont riches en vitamines en tout genre, et sont une bonne source de protéines, calcium, fer, magnésium et zinc. Elles peuvent se consommer en huile, pratique !

Je me recharge en magnésium

Adoptez en particulier les aliments riches en magnésium, car il est redoutablement efficace contre le stress ! En effet, le magnésium est un nutriment qui préserve l'équilibre nerveux et musculaire, idéal pour se relaxer.

Le chocolat noir

S'il y a bien un aliment riche en magnésium, c'est le chocolat noir. Il booste la concentration, stabilise l'humeur, c'est un vrai antidépresseur ! Il suffit de 4 petits carrés de chocolat noir pour échapper au stress !

L'avocat

Il contient du magnésium et du potassium, idéal pour diminuer le stress. À vous, les guacamole parties !

L'épinard

Il est aussi un superaliment bourré de magnésium !

Les oléagineux

Les noisettes, les amandes, les noix… stabilisent les émotions et l'humeur grâce aux acides gras oméga-3 qui modulent la synthèse de sérotonine (l'hormone du stress), améliorant ainsi l'humeur et la gestion des émotions. Leur richesse en fer vous évite la fatigue et, par ricochet, le stress qui pourrait en résulter. Elles renferment encore des antioxydants et de la vitmaine E qui luttent contre le stress cellulaire. Une petite poignée par jour suffit. À consommer nature pour éviter des excès de sel et de graisse !

La food antistress, c'est d'abord celle qui ne prend pas la tête !

Quoi, vous ne suivez pas la dernière tendance superfood, vegan ou détox ? Bien se nourrir peut devenir une vraie injonction, qui vous frustre et vous stresse. Bien sûr, il est indispensable de prendre soin de votre corps avec une alimentation saine. Mais no stress ! Vous êtes tout à fait capable d'allier plaisir et santé. Il vous suffit de varier les aliments, les couleurs… Et de ne pas tomber dans l'excès ! La seule règle : oublier définitivement les régimes restrictifs !

Chapitre 5

Ma sophro girl power !

On ne s'en doute pas, mais la sophro est girl power ! Si, si. Aujourd'hui, les filles ont envie de se sentir fières d'être des filles, avec des émotions de femme, un corps de femme, une énergie cyclique. Les girls s'affirment enfin et revendiquent leur pouvoir féminin. Car ce qui nous rend fortes, c'est d'être bien dans notre corps, bien dans nos émotions, entièrement en phase. La sophro va justement vous permettre de renouer avec votre féminin sacré. Girl power !

Vous avez en vous des énergies féminines et masculines à honorer et à cultiver. Pas question de réprimer votre part féminine, pas plus que de réprimer votre part masculine. Vous êtes multifacettes, et votre force c'est d'oser être une femme pleinement heureuse, épanouie et libre avec les deux énergies !

Feel like a woman

Le féminin sacré, c'est l'essence du féminin en vous. Il se caractérise par la sensibilité, l'intuition, la créativité, la douceur… Des qualités qui ont souvent été méprisées, jugées faibles, et qui au contraire sont incroyablement puissantes ! Pour vous connecter à votre féminin sacré, vous devez déjà vous nettoyer de tous les vieux conditionnements culturels ou sociaux et être prête à assumer qui vous êtes. Vous allez aussi vous connecter à votre corps de femme, votre intériorité, vos cycles et toutes vos émotions féminines !

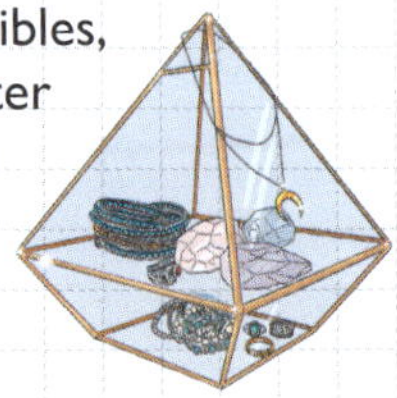

Je renoue avec mon corps de femme grâce à mon cycle

Le lien le plus fort avec votre féminité, c'est le cycle menstruel. L'écouter, c'est écouter votre corps de femme, avec les changements hormonaux, et aussi écouter vos émotions, car tout est lié ! Longtemps on a considéré que les règles étaient « sales », qu'elles constituaient un inconvénient pour les femmes. Mais en réalité, c'est une chance ! Vous allez enfin comprendre votre cycle, comprendre ce qu'il se passe dans votre corps et l'accompagner grâce à la sophro. Objectif : bien vivre votre cycle et vous reconnecter à votre féminité !

Les 4 phases émotionnelles de mon cycle

Un cycle menstruel débute le 1er jour de vos règles et se termine le 1er jour des règles suivantes, soit généralement 28 jours durant lesquels vous vivez différentes phases émotionnelles et hormonales puissantes.

1re phase : pendant mes règles (1er-5e jour environ)

Maux de ventre, transpiration, migraine accompagnent cette période… Vous vous sentez fatiguée et vous êtes plongée dans vos pensées, c'est hormonal ! Ne culpabilisez pas de manquer d'énergie, vous savez désormais que c'est normal et que c'est une phase. En attendant, écoutez-vous, profitez-en pour pratiquer l'introspection : prenez un moment pour ralentir, dormir, vous retrouver seule et réfléchir. Cela vous permet de prendre du recul, ça vous rend plus sage ! Est-ce que ce n'est pas une force ? Ainsi, vous êtes en phase avec votre corps : vous vous débarrassez des situations qui ne vous plaisent pas, tout comme votre corps se nettoie !

Ma sophro pour soulager mon ventre

La sophro peut soulager vos douleurs de règles. En effet, les douleurs sont souvent provoquées par une tension dans la zone du ventre. La sophro pourra relaxer l'utérus et apaiser les douleurs menstruelles. Grâce à la visualisation, vous prenez conscience de votre douleur et lui envoyez du bien-être afin que toute cette zone se détende…

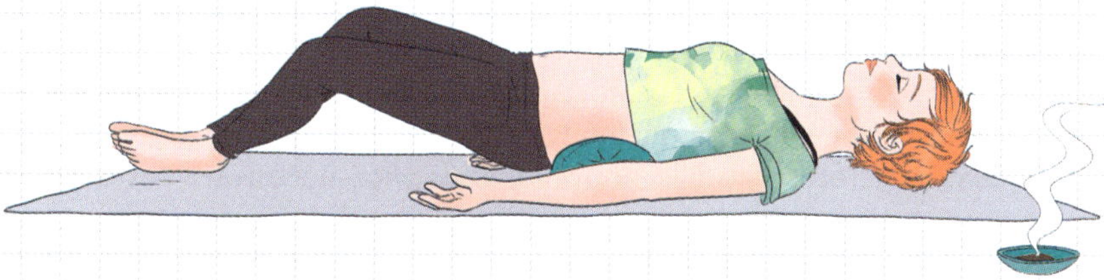

Ma visualisation de l'utérus

Confortablement installée, allongée dans votre espace sophro, de l'encens allumé, un coussin sous vos lombaires, les jambes légèrement relevées, fermez les yeux. Sur une respiration naturelle et calme, imaginez votre douleur. Donnez-lui une forme et observez-la durant quelques minutes, sans jugement. Identifiez ensuite une zone agréable de votre corps. Et observez le bien-être de cette zone. Pendant quelques minutes, imaginez que vous inspirez profondément ce bien-être et que vous l'expirez sur la zone douloureuse avec l'intention de réduire la forme de la douleur. Continuez à diminuer ainsi votre douleur jusqu'à visualiser un petit point. Vous pouvez ensuite poser une bouillotte chaude sur votre ventre. Restez quelques minutes confortablement installée pour relâcher toutes les tensions de votre corps et appréciez ce moment de bien-être. Ça va mieux, non ?

2e phase : mon corps se prépare (6e-13e jour environ)

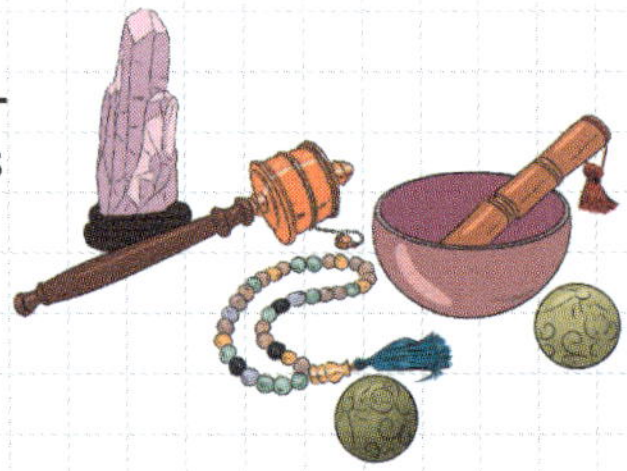

Vos règles sont terminées et votre niveau d'œstrogènes augmente. Ça vous rend plus belle, pétillante et séductrice. Vous vous sentez plus légère. Vous débordez d'énergie et retrouvez confiance en vous, vous vous acceptez mieux. Mieux dans votre tête et dans votre corps, vous faites preuve de détermination et d'une créativité abondante.

Ma sophro pour me connecter à mon côté sauvage

Vous vous sentez belle et remplie de puissantes énergies. Grâce à la visualisation, vous allez vous connecter à votre côté sauvage, qui ne demande qu'à s'exprimer librement. Le féminin sauvage, ce n'est pas devenir une tigresse séductrice, rien à voir ! Il s'agit tout simplement de renouer très intimement avec votre instinct, avec votre corps et vos 5 sens, pour vous sentir pleinement ancrée dans votre corps, forte, féminine et libre !

Let's go !

Assise, fermez les yeux et prenez quelques profondes respirations abdominales. Sentez la chaleur de vos mains sur votre ventre (siège de toutes les émotions). Ressentez que votre corps est relié à la terre par les points d'appui sur le sol (fesses, jambes, pieds…). Laissez venir à votre esprit une image de vous représentant une force puissante indomptable et sauvage (laissez venir cette image sans l'influencer, sans forcément lui donner une forme réaliste, et observez-la dans les moindres détails). Sentez toutes les énergies monter en vous. Imaginez que vous devenez un animal sauvage et totalement libre. Observez-vous bouger, ressentez votre force puissante, votre assurance… Intégrez ces sensations. Lorsque vous le voulez, revenez à vous, focalisez-vous de nouveau sur les sensations dans votre ventre. Prenez quelques respirations profondes avant de rouvrir les yeux. Vous êtes une fille nouvelle, vous avez découvert votre puissance !

3e phase : pendant mon ovulation (14e-21e jour environ)

Fini, l'introspection ! Vous êtes au top de votre dynamisme, votre énergie rayonne autour de vous. Vous êtes dans une phase d'immense ouverture (et de désir !). Vous recherchez le contact avec le monde, la nature et les autres. Votre amour est tourné vers l'extérieur. Vous êtes plus positive, attentionnée et réconfortante. Vous êtes capable d'apporter votre soutien autour de vous et de mener à bien des projets. Les symptômes ? Vous ressentez une douce augmentation de votre rythme cardiaque au repos, vous avez les seins et les tétons sensibles.

Ma séance de danse instinctive

Pendant l'ovulation, vous vous sentez plus dynamique et votre énergie ne demande qu'à s'exprimer… Mettez de la musique (du classique idéalement), et laissez-vous porter par votre corps ! Savourez la joie qui s'empare de vous pendant cette phase et exprimez-vous librement dans le mouvement.
Debout, pieds bien ancrés dans le sol, sentez l'air dans vos poumons. Questionnez-vous sur l'état dans lequel vous êtes, ressentez vos émotions et les sensations qu'elles créent en vous. Respirez profondément et laissez-vous emporter par la musique. Laissez-vous aller simplement, comme cela vient. Laissez s'exprimer et se libérer vos émotions. Puis, quand vous voulez, revenez en position immobile (debout, assise ou couchée). Ressentez le calme vous envahir… Votre respiration retrouve un rythme plus calme. Ressentez cette liberté, cette joie de vivre…

Le néroli, l'huile essentielle de la féminité
Le néroli va vous permettre d'éveiller votre féminin. Déposez délicatement une petite goutte sur le chakra du cœur (sternum et dans le dos, à hauteur de l'agrafe de votre soutien-gorge) pour amplifier votre libération, votre ouverture à vous-même et à l'amour tout autour de vous.

4e phase : mes émotions se bousculent (22e-28e jour environ)

Vos hormones chutent et vous ressentez un déséquilibre. Bonjour, les sautes d'humeur ! Vos émotions sont vives, vous vous sentez impulsive, irritable, agressive et fatiguée. Vous pouvez même ressentir un petit coup de blues… Vous êtes intolérante et avez envie de crier toute votre colère ! Les émotions se bousculent dans votre corps et votre tête et vous ressassez (irritabilité, anxiété, humeur changeante, manque de concentration, petite déprime…). D'ailleurs, physiquement, ce n'est pas top : votre corps se manifeste (ballonnements, maux de dos, constipation ou diarrhée, crampes, acné, maux de tête…). Heureusement, vous pourrez bientôt compter sur vos règles pour vous libérer de ces montagnes russes émotionnelles.

Je médite sur l'encens pour apaiser mes émotions

Assise dans votre posture chouchou, allumez un bâton d'encens et placez-le au sol, à 1 mètre de vous environ. Fermez les yeux. Prenez conscience de votre état actuel (humeur, pensées, émotions, sentiments et même tensions physiques ou douleurs). Questionnez-vous sur votre état d'esprit et faites le lien entre vos symptômes physiques et les émotions ou les pensées qui pourraient en être à l'origine. Laissez passer vos idées, vos pensées et prenez conscience de l'odeur de l'encens qui vous parvient. Portez toute votre attention sur l'encens qui brûle tranquillement. Ressentez de nouvelles sensations, de nouvelles émotions que l'encens vous procure (apaisement, plaisir…). Prenez le temps. Et, quand vous voulez, ouvrez les yeux et observez l'encens, sa fumée. Voyez-la danser, suivez-la du regard jusqu'à ce qu'elle disparaisse… Ressentez en même temps vos émotions négatives s'en aller… Tout comme la fumée, vos émotions durant vos cycles sont éphémères. Elles s'expriment et se libèrent… Enfin, inspirez profondément, étirez tout votre corps. Vous êtes prête à retrouver votre vie quotidienne, apaisée !

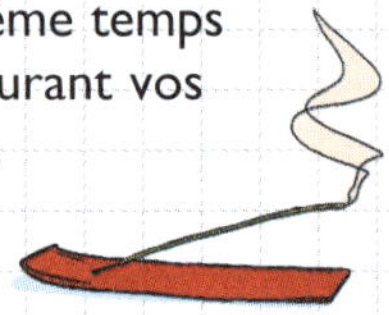

Soyez hyper attentive !

Tout comme les changements de saison, votre cycle se dessine de manière progressive et parfois même silencieusement… Ne vous attendez pas à des changements radicaux ni à des phases ultra marquées ! Chacune est différente et s'exprime plus ou moins fortement, la transition entre 2 phases peut être très discrète. Vos nuances physiques et émotionnelles peuvent même être retardées ou perturbées par des événements dans votre vie. Soyez attentive et écoutez votre corps.

J'accompagne mon cycle et mes émotions

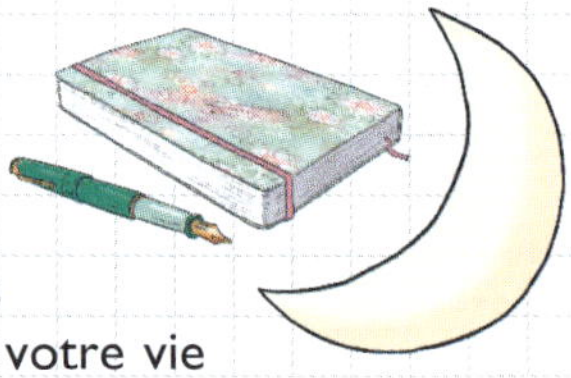

Vous pouvez commencer un carnet des « lunes ». Dans ce petit outil précieux, notez chaque jour : votre phase du cycle, vos émotions, sentiments et votre humeur ainsi que tous les messages de votre corps. Ainsi, au fil des cycles, vous apprenez à vous connaître. Vous pouvez alors mieux vous organiser pour adapter votre vie à votre rythme. Par exemple, alléger votre emploi du temps pendant vos règles, démarrer de nouveaux projets pendant la 2e phase, poursuivre et achever vos tâches en profitant de l'énergie de la phase d'ovulation, et ralentir un peu le rythme pendant la dernière phase. Bref, vous vous adaptez à votre nature de femme !

Je me reconnecte à mes valeurs féminines

L'essence du féminin, c'est donc des valeurs d'amour, de créativité, de sensibilité… Pour respecter votre féminité, il faut que vous redonniez à vos qualités féminines toute leur valeur ! À force de vous focaliser sur vos « défauts », vous en avez oublié vos qualités. Pourtant, vos valeurs font partie de vous, elles vous définissent. Elles guident vos choix et votre vie. Il est précieux de les connaître pour vous connaître vous-même. Alors arrêtez de vous déprécier, vous, votre corps et vos émotions. Il est temps d'en être fière ! Avec ce programme sophro, vous allez partir à la rencontre de vous-même, vous reconnecter avec vos valeurs profondes, dans le but de vivre pleinement votre féminité, trouver l'harmonie body & mind et vous sentir épanouie !

Je développe mes valeurs au féminin

Renouez avec votre moi profond grâce à cette visualisation. Elle vous aidera à déterminer vos valeurs, à les valoriser, à comprendre ce qui vous empêche de les vivre pleinement. Vous pouvez aussi réfléchir à la façon de vivre plus en harmonie avec elles. Dorénavant, vous vivrez en phase, prête à écouter vos envies profondes. Vivre selon ses valeurs, c'est aussi se donner plus de valeur !

Ma visualisation

Bien installée dans votre espace sophro, fermez les yeux et relâchez tout votre corps, de la tête jusqu'aux orteils. Respirez calmement et naturellement et laissez venir à votre esprit une première valeur. La liberté. Visualisez ce mot. Demandez-vous ce qu'est la liberté pour vous et le rapport que vous entretenez avec elle : quelles sont vos barrières, vos doutes, vos peurs ? Puis demandez-vous comment vous vous sentez libre. Laissez les sensations agréables vous envahir. Inspirez profondément et imaginez le souffle qui les diffuse dans votre corps tout entier. Procédez de la même façon avec la valeur de la féminité. Continuez à votre rythme avec la bienveillance, l'empathie, l'équilibre, la force, la gratitude, l'harmonie, l'inspiration et toute autre valeur de votre choix. À chaque fois, créez un lien avec ces valeurs qui vous sont chères et diffusez-les en vous. Prenez conscience de votre richesse intérieure, vous êtes une belle personne !

Si cet exercice est trop long et que votre esprit s'évade, vous pouvez travailler sur une seule valeur par séance, puis petit à petit introduisez-en d'autres. Interrogez régulièrement vos valeurs parce qu'elles changent tout au long de votre vie !

Je suis fière de ma façon d'être !

Vous êtes pleine de qualités, mais à force de vous dévaloriser, vous les avez mises au placard. Alors n'essayez plus de vous conformer à ce que la société attend d'une femme, à ce qu'elle doit faire ou à comment elle doit être. Trouvez votre propre façon d'être, sans vous mettre la pression (on peut être une fille bien sans être Beyoncé !). Ouvrez les yeux sur la belle personne que vous êtes ! Renouez avec vos qualités grâce à la visualisation, pour faire de votre corps tout entier un espace précieux de sécurité, de paix et d'harmonie !

Ma visualisation girl pride

Prenez le temps de bâiller et de soupirer plusieurs fois avant de fermer les yeux. Laissez venir à votre esprit une qualité que vous incarnez totalement. La première qui vous vient (je suis amusante, positive, pétillante, organisée, modeste, intuitive, souriante…). Concentrez-vous sur cette qualité. Ressentez les sensations qu'elle vous procure (plaisir, légèreté, apaisement, détente…). Laissez venir des souvenirs en lien avec ces qualités. Observez-vous grâce à la visualisation mettre en œuvre cette qualité qui vous anime. Elle vous inspire et vous guidera toute votre vie. Faites-lui confiance. Prenez quelques profondes respirations avant de rouvrir les yeux avec un nouveau regard sur vous-même!

J'ai confiance en moi

Si une chose fait défaut aux filles pour oser prendre leur place, affirmer leurs valeurs et assumer leur féminité, c'est bien la confiance en soi! Au contraire, vous avez même tendance à vous comparer, à idéaliser les autres femmes! Grâce à la sophro, retrouvez la confiance en vous et en votre féminité!

Je booste ma confiance

Je suis une badass!

Pour avoir confiance en vous, il faut que vous preniez enfin conscience de vos valeurs (ça, c'est fait) mais aussi de vos capacités! Vous pensez que vous êtes nulle? Vous êtes capable de tellement de choses! Il faut simplement que vous appreniez à le voir. La confiance en soi se bâtit sur des réussites. Dans cette visualisation, vous vous remémorez vos réussites, des instants de bonheur… Cette pratique va vous permettre de gagner en estime et en confiance!

Ma visualisation en mode success story

Prenez quelques profondes respirations avant de fermer les yeux. Laissez venir à votre esprit vos premiers souvenirs. Observez l'enfant que vous étiez et laissez défiler derrière vos paupières, le plus lentement possible, les images de votre vie jusqu'à aujourd'hui. Toutes les réussites remontent à la surface. Vous pouvez sourire et revivre ces moments avec satisfaction et confiance. Ne vous limitez pas : il n'existe pas de petite réussite (comme la première fois que vous avez fait du vélo sans les roulettes, un gâteau hyper réussi, la première fois que vous avez pratiqué la sophrologie…)! Ressentez les messages agréables de votre corps (légèreté, picotement, zones

Mon huile essentielle boosteuse de confiance en soi

Le laurier noble est idéal pour la confiance en soi. Il va vous permettre de développer votre courage et favoriser votre inspiration. Déposez 1 goutte sur l'intérieur de vos poignets, puis respirez profondément.

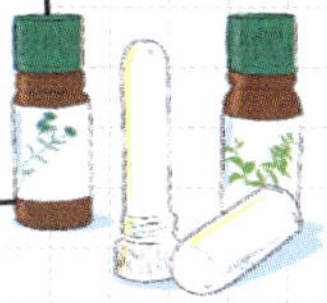

agréables de chaleur ou de fraîcheur…). Inscrivez-les dans votre conscience avant de rouvrir les yeux.

Prenez le temps de noter dans votre carnet toutes les réussites de votre vie… La liste s'allongera chaque jour, et ça, ça donne confiance en soi!

Ma to-do list de self-confident girl

Il est quand même dommage de mettre votre vie de femme épanouie en veilleuse parce que vous manquez de confiance en vous… Créez une liste des choses que vous feriez si vous aviez confiance en vous. Après ça, vous vous lancerez enfin, libre et sans aucune barrière!

- «Je ferais le tour du monde seule en sac à dos.»
- «J'irais me baigner nue dans une rivière.»
- «Je lancerais ma boîte de protections intimes zéro déchet.»
- ……………………………………
- ……………………………………
- ……………………………………
- ……………………………………

Je body positive!

On ne peut pas être en phase avec sa féminité si l'on n'est pas bien dans son corps. Et si la féminité a souvent été définie par des critères physiques, aujourd'hui elle s'en est libérée. Vive le body positive! Le corps «idéal» est celui dans lequel vous vous sentez bien, avec lequel vous êtes en phase. Ne focalisez plus sur une partie de votre corps que vous n'aimez pas, mais plutôt sur le bien-être de votre body tout entier! Avec la sophro, apprenez à redécouvrir votre corps, ses beautés, toutes les merveilleuses sensations de bien-être qu'il vous apporte… Eh oui, vu comme ça, votre corps est plutôt cool!

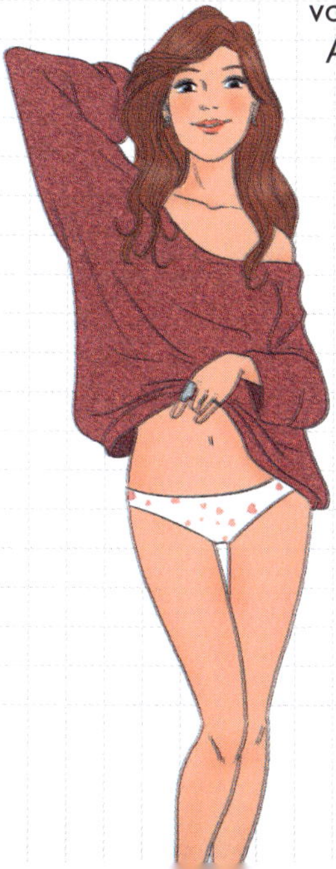

You're beautiful

Vous êtes belle! Souvent, on maltraite son corps : on ne le regarde jamais, sauf pour le dénigrer, on ne s'en occupe pas, on n'écoute pas ses sensations… En fait, on le connaît très peu. Avec cet exercice, redécouvrez votre corps par le toucher, les sensations et la visualisation, pour vous connecter à lui et vous sentir bien à l'intérieur. N'aimez pas votre corps juste pour son aspect, mais pour ce qu'il vous apporte!

Ma visualisation des 5 sens

Confortablement installée en position assise, les yeux fermés, relaxée et détendue. Pendant toute la séance, restez pleinement attentive à vos

sensations corporelles. Commencez par toucher votre visage avec vos mains, comme si c'était la première fois. Prenez le temps de ressentir toutes les sensations positives et agréables (frissons, caresses, chatouilles, fraîcheur…). Laissez monter le bien-être et l'harmonie. Puis continuez avec toutes les zones de votre corps, une à une (cou, nuque, épaules, haut du dos, bras, poignets, mains, thorax, poitrine, côtes, lombaires, ventre, hanches, une jambe et puis l'autre, jusqu'à vos voûtes plantaires). Sans le maltraiter, sans le juger, vous avez juste été à l'écoute de votre corps et de vos sensations. À force de pratiquer, vous allez aimer votre corps tout entier, les formes, les courbes, les creux… Et vos « défauts » physiques, les choses qui vous complexaient depuis des années seront bientôt de lointains souvenirs !

Lettre d'amour à mon corps

Maintenant que vous avez renoué avec votre corps et redécouvert les belles sensations qu'il vous fait vivre, si vous décidiez enfin de faire la paix avec lui et de le remercier ? Même si vous n'avez pas le ventre plat, les fesses bombées et de longues jambes fines, vous pouvez apprendre à être tolérante avec vous-même, à accepter et à aimer votre corps. Écrivez-lui ! Écrivez pour lui demander pardon et pour le remercier (de sa présence, de ses capacités, de sa beauté pure, de vous permettre de vivre vos rêves…). Harmonie garantie !

Ma love letter à mon corps

Cher corps,

Pardon pour ……………………………………………

……………………………………………………………

……………………………………………

Merci pour ……………………………………

……………………………………………………………

……………………………………………………………

Je t'aime.

Chapitre 6

Mon week-end sophro feel good

Vous avez aimé vous cocooner avec la sophro ? Alors vous allez adorer le faire… pendant un week-end entier ! Pendant 2 jours, vous allez enfin prendre le temps d'être dans l'instant grâce au yoga, à la méditation, et surtout à la sophrologie, mais aussi grâce à plein d'autres petits rituels bien-être, des huiles essentielles, de la phyto, de la healthy food… Le must pour prendre soin de vous body & mind ! Un vrai moment pour revenir à soi de manière intime et profonde. Un week-end feel good en mode slow, peace & bliss !

Bookez-vous un week-end sophro feel good une fois par mois pour entretenir votre cool lifestyle !

Les principes de ce week-end feel good

Je respecte mon rythme

Au quotidien, vos semaines se répètent à cent à l'heure et vous ne voyez pas le temps passer : vous avalez trop vite vos repas, vous faites toujours deux choses à la fois, vous programmez des alertes à tout-va sur votre téléphone, vous courez après le temps et vous vous couchez beaucoup trop tard, vous vous sentez fatiguée… En fait, vous ne respectez pas votre rythme. Alors, durant 2 jours, vous allez vous mettre à l'écoute de votre corps et le chouchouter ! Il n'est pas question de flemmarder, mais plutôt de vivre pleinement l'instant présent.

Je me mets en mode slow life

Vous allez apprendre à vivre en mode slow life pour retrouver votre propre rythme. Parlez sans vous précipiter, marchez sans courir… Et si vous prenez conscience que

Le slow, c'est aussi un lifestyle qui respecte la planète : on ralentit son rythme comme sa consommation, on est plus attentif à soi et au monde, on se recentre sur l'essentiel. C'est pourquoi votre programme comporte aussi sa petite touche minimaliste et green !

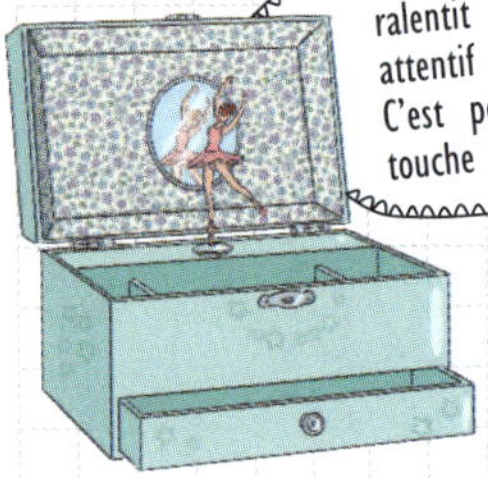

vous faites deux choses à la fois, revenez à l'essentiel et terminez une tâche avant d'en commencer une autre ! La slow life, c'est ralentir et faire les choses en pleine conscience, c'est-à-dire en étant pleinement attentive à tous vos sens, pleinement présente à ce que vous faites.

J'écoute mon corps

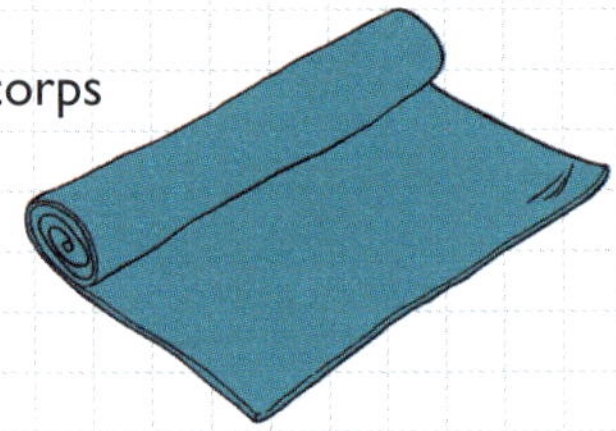

Votre corps ne vous réclame rien ? Ne mangez pas. Et si votre corps s'exprime à 17 heures, nourrissez-le et adaptez vos quantités à votre faim. Votre corps est fatigué ? Reposez-vous. Il demande à bouger, c'est simple, offrez-lui une séance de yoga. Soyez pleinement à l'écoute de votre corps et de ses besoins. Ni plus. Ni moins !

Je mange en pleine conscience

Interdiction de manger sur le pouce devant une vidéo YouTube pendant ce week-end. Savourez chaque repas en pleine conscience. La seule chose à faire ? Manger. Alors éteignez votre ordinateur, votre téléphone, respirez profondément et dégustez, lentement, dans le silence. La méditation est partout, même dans l'assiette. Là est le secret !

Le mode d'emploi

Installée à table, dans le silence, observez votre assiette et les aliments qui la composent. Goûtez : testez les différentes textures, la chaleur ou la fraîcheur sur votre langue, dans votre bouche, les goûts, les odeurs… Sollicitez vos sens un à un à chaque bouchée. Et… posez vos couverts entre chacune. Respirez tranquillement et continuez cette expérience.

Vendredi soir, je m'organise

Afin de démarrer votre week-end demain matin, il faut s'organiser… Hop, à partir des menus des pages suivantes, préparez votre liste de courses ! Direction le magasin bio du coin pour des courses green, locales et de saison, car pour faire du bien à votre corps, il faut le nourrir d'aliments sains, récoltés à maturité, seule condition pour qu'ils vous offrent toutes leurs vitamines.

Jetez un coup d'œil sur les recettes de ces 2 jours pour adapter vos courses à vos goûts, histoire d'appréhender le week-end sans aucune contrariété.

Ma liste de courses veggie pour le week-end

- [ ] ....
- [ ] ....
- [ ] ....
- [ ] ....
- [ ] ....
- [ ] ....
- [ ] ....
- [ ] ....
- [ ] ....
- [ ] ....
- [ ] ....
- [ ] ....
- [ ] ....
- [ ] ....

Samedi matin, je booste ma feel good attitude

Entrez doucement dans votre week-end avec une délicieuse morning routine. En vous cocoonant, vous allez commencer à reprendre contact avec votre corps, pour être davantage à son écoute durant tout le week-end. Ok, vous vous levez tôt, mais vous allez vite apprécier de remettre votre corps en mouvement avec la respiration et le yoga avant de le nourrir avec un p'tit déj' healthy !

Ma morning routine

Je me lève tôt pour 1 heure de bonheur

Programmez votre réveil à 5 h 30 (6 h pour les grandes dormeuses !).

Ma sophro réveil 10 minutes

Je me réveille grâce au souffle

Cette respiration redynamise votre corps après la nuit : la respiration va le faire bouger et remonter votre niveau d'énergie en réoxygénant vos cellules !

Let's go ! Assise sur le bord du lit, étirez votre corps en conscience (voir p. 43). Ensuite, revenez à votre souffle. Inspirez rapidement et profondément par les narines et soufflez par la bouche jusqu'à vider l'intégralité de vos poumons. Imaginez une colonne d'air dans votre colonne vertébrale et ressentez le va-et-vient de l'air à l'intérieur. Poursuivez sur 5 cycles respiratoires avant d'ouvrir les yeux. Hop, vous êtes déjà plus réveillée !

Je me purifie grâce à la respiration

Cette respiration purificatrice ventile le haut de vos poumons, décongestionne les sinus et chasse toutes les toxines de votre cerveau. Elle va vous emplir d'un sentiment de bonheur et de plénitude. Une purification physique et mentale idéale pour passer une belle journée !

Let's go ! Inspirez lentement par les narines par petits à-coups jusqu'à remplir l'intégralité de vos poumons, puis expirez de la même manière jusqu'à vider vos poumons. Recommencez un nouveau cycle. Ressentez le passage de l'air dans vos narines et les mouvements de vos côtes qui s'ouvrent et se ferment par à-coups. Pensez à relâcher votre visage et surtout vos narines pour que cette respiration soit le plus fluide possible. Continuez sur 10 cycles respiratoires.

Je me détoxe

Avant de rejoindre votre autel, hydratez-vous… De l'eau chaude ou tiède avec du jus de citron frais pressé bio, et le tour est joué ! Interdiction de zapper votre tasse d'eau chaude citronnée à jeun, car le citron est antibactérien, antiviral, il booste le système immunitaire, détoxe le foie, facilite la digestion, dope le moral, donne une peau saine et belle, aide à mincir. Cela permet de prendre soin de tout votre corps et d'améliorer votre silhouette (eh oui, grâce à l'effet détox !).

Je médite 10 minutes

Méditer le matin au réveil est très intéressant : vous vous reconnectez à vous-même, à votre corps, vous vous apportez de la tranquillité pour commencer la journée dans un état d'esprit sain, plus facile à conserver tout au long de la journée.

Let's go! Installez-vous confortablement dans une posture de méditation. Prenez trois profondes respirations pour bien évacuer les tensions, expirez. Fermez les yeux pour vous isoler du monde extérieur et concentrez-vous sur vous-même. Revenez à une respiration naturelle, sans effort, et ressentez doucement votre respiration : toute votre attention est posée sur votre souffle, son trajet à l'inspiration comme à l'expiration. Laissez simplement votre respiration vous bercer. Et si des pensées surviennent, prenez-en note en prononçant mentalement un mot simple, par exemple « réunion », et revenez tranquillement à votre respiration.
Commencez par 2 minutes, puis progressivement allongez votre temps de méditation matinale.

Je fais 10 minutes de yoga

Comment démarrer une journée sans pratiquer la célèbre salutation au soleil ? C'est l'enchaînement de yoga spécialement conçu pour le matin (à pratiquer devant un lever de soleil pour la touche *roots* et glam). La salutation au soleil agit sur le corps (tonifie le système digestif, nerveux et masse les viscères, permet une meilleure oxygénation du corps, apaise le stress, stimule les glandes endocriniennes, booste l'immunité...) et sur votre beauté (améliore la musculature de votre corps tout entier, raffermit le buste et la poitrine, régule les hormones...). Vous attaquez ainsi la journée avec une gym qui soigne le corps. Vous continuez à vous mettre à l'écoute de votre corps, car le yoga unifie body & mind grâce à la concentration sur le souffle qui canalise votre mental et donne le rythme des postures corporelles.
Si vous êtes une yogini débutante, pratiquez le plus lentement possible en respectant la synchronisation avec votre souffle (on inspire dans les mouvements d'expansion et on expire dans les moments de repli) et restez dans les postures le temps de quelques respirations pour vous étirer en profondeur (laissez naturellement votre corps s'étirer sur chaque expiration).

Étape 1 – La prière

Commencez debout, les pieds joints avec vos gros orteils qui se touchent, les mains jointes au niveau de votre poitrine. Répartissez votre poids de manière équilibrée sur vos pieds. Étirez votre corps. Rentrez votre ventre, bombez légèrement votre poitrine, épaules basses, et étirez la colonne jusqu'en haut du cou. Fermez les yeux. Prenez quelques respirations dans cette posture.

Étape 2 – La demi-lune en arrière

Sur l'inspiration, levez les bras vers le ciel, mains jointes, penchez-vous légèrement en arrière grâce à l'ouverture de votre cage thoracique. Veillez à écouter votre corps et à gainer vos abdos pour ne pas vous faire mal au dos ! Votre regard est dirigé vers vos mains et vous relâchez les muscles de la nuque et du dos.

1
2
3
4
5
6
7
8
9
10
11
12

Étape 3 – La cigogne

Sur l'expiration, ramenez les mains jointes sur la poitrine et penchez-vous en avant depuis la tête jusqu'au bas du dos. Rapprochez votre ventre des cuisses (pour les moins souples, préférez plier légèrement les genoux). Placez le bout de vos doigts sur le sol à côté de vos pieds. Relâchez ensuite tout votre corps dans la posture.

Étape 4 – La posture équestre

Inspirez et allongez la jambe droite le plus loin possible vers l'arrière. Posez votre genou et vos orteils au sol. Et étirez votre visage vers le ciel, poitrine ouverte vers l'avant. Vos coudes doivent rester tendus. Le genou gauche doit être aligné au-dessus de la cheville gauche.

Étape 5 – Le chien tête en bas

Tendez votre jambe gauche en arrière à son tour et expirez en poussant sur les bras pour monter le bassin vers le ciel. Abaissez votre tête entre vos bras. Votre corps prend la forme d'une montagne. Poussez le sol avec les mains pour étirer tout votre dos, coccyx en arrière. Vous pouvez essayer de poser les talons au sol pour étirer vos jambes.

Étape 6 – Les 8 points au sol

Abaissez le bassin et basculez en avant pour venir en position de planche, corps tendu face au sol, comme si vous vouliez faire des pompes. Puis fléchissez les genoux et déposez-les au sol. Serrez les coudes contre votre cage thoracique. Déposez votre poitrine entre vos mains et abaissez votre menton vers le sol. Votre corps touche le sol en 8 points : les deux pieds, les deux genoux, la poitrine, le menton et les deux mains. Prenez au moins trois respirations profondes dans cette posture.

Étape 7 – Le chien tête en haut

Inspirez, redressez votre buste jusqu'à la taille et décollez légèrement les cuisses du sol. Les coudes sont toujours vers le buste. Pensez à éloigner vos épaules de vos oreilles, étirez vos dos et ouvrez votre cage thoracique. Gardez les orteils dans le sol.

Étape 8 – Le chien tête en bas

Expirez et repoussez le sol avec les mains en montant de nouveau votre bassin vers le haut. Si vous le pouvez, posez les talons au sol. Votre corps forme une montagne.

Étape 9 – La posture équestre

Cette fois, inspirez et pliez la jambe droite pour amener le pied droit entre les deux mains. En même temps, posez le genou gauche au sol. Levez le visage vers le ciel et ouvrez la poitrine vers l'avant. Relâchez les muscles du dos et de votre région abdominale. Chaque expiration étire le haut de votre cuisse arrière.

Étape 10 – La cigogne

Expirez en ramenant le pied gauche à côté de votre pied droit en essayant au maximum de garder les mains au sol. Étirez vos bras et votre dos dans le mouvement. Tendez les deux jambes et relâchez bien votre tête. Si vous pouvez, approchez votre front vers vos genoux. Si vous n'êtes pas suffisamment souple, pliez légèrement les genoux !

Étape 11 – La demi-lune en arrière

Redressez-vous en déroulant progressivement votre dos et ramenez les mains jointes en prière sur la poitrine. Inspirez et levez les bras vers le ciel, en arrière. Vous regardez vos mains.

Étape 12 – La prière

Expirez en ramenant les mains jointes devant votre poitrine. Tenez-vous debout, les pieds joints avec vos gros orteils qui se touchent. Répartissez votre poids de manière équilibrée sur vos pieds. Étirez votre corps. Rentrez votre ventre, bombez légèrement votre poitrine et étirez la colonne jusqu'en haut du cou. Fermez les yeux. Prenez quelques respirations dans cette posture.

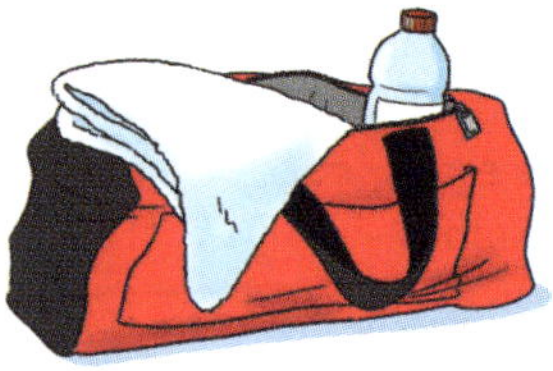

Répétez la salutation au soleil à gauche.
Vous pouvez prolonger votre séance de yoga en répétant la salutation au soleil complète (droite et gauche) plusieurs fois, ou pratiquer le sport matinal de votre choix (trampoline, corde à sauter, abdos-fessiers, running...).

Mon breakfast time du samedi

Le matin, on mise sur un petit déj' healthy, nourrissant mais pas lourd et plein de vitamines pour avoir de l'énergie. La bonne idée ? Le chia pudding, tendance incontournable sur la blogosphère veggie : superaliment (exceptionnellement riche en protéines, oméga-3, fibres, calcium, fer, vitamines B9 et antioxydants), vegan, sans gluten, healthy... et so yummy, il est parfait ! Le chia pudding est ultra complet, car il fournit de bonnes protéines, de bons lipides et glucides.

Mon petit déj'

- Chia pudding
- Thé

Chia pudding à la framboise

Ingrédients (pour 1 personne)

Pour le coulis framboises :
- 1 grosse poignée de framboises fraîches ou congelées

Pour le chia pudding rose :
- 15 cl de lait végétal (coco, riz, avoine, amande, soja...)
- 1 c. à s. de sirop d'agave
- 1 poignée de framboises fraîches ou congelées
- 25 g de graines de chia

Pour le chia pudding blanc :
- 15 cl de lait végétal (coco, riz, avoine, amande, soja...)
- 1 c. à s. de sirop d'agave
- 25 g de graines de chia

Facultatif pour la décoration :
- Quelques noix concassées (amandes, cajou, noisettes...), des fruits secs, framboises entières, fleurs comestibles, baies de goji, cranberries...

Préparez le coulis : mixez les framboises et réservez. Pour le pudding de chia rose : mixez les framboises avec le lait végétal et le sirop d'agave. Versez le mélange sur les graines de chia, mélangez, puis laissez reposer. Préparez de la même manière le pudding de chia blanc. Attendez 10 min pour les deux préparations et mélangez de nouveau. Montez votre pudding : versez du coulis de framboises dans le fond d'un bol (ou d'un verre, d'une verrine...). Versez du chia pudding rose. Versez ensuite du chia pudding blanc. Mettez au frais toute la nuit. Au moment de déguster, vous pouvez décorer de framboises entières, de graines, de noix... Appliquez-vous ! Plus c'est beau, meilleur c'est !

Dans la matinée : introspection mood !

Créez un espace intime pour continuer à vous relier à votre corps, à vous écouter. Ce matin, vous allez nettoyer votre esprit pour laisser place à vos envies profondes (que vous allez exprimer par la créativité). Réfléchissez à qui vous êtes vraiment !

Je prends une douche méditative

Si vous aimez passer des heures sous le jet d'eau chaude, vous avez déjà deviné le potentiel de bien-être et d'introspection de la douche ! En effet, c'est un moment privilégié, intime, pour méditer encore et encore, et vous nettoyer de l'intérieur et de l'extérieur. L'eau nettoie, mais elle a aussi un pouvoir libérateur pour l'esprit, alors libérez votre potentiel !

Ma douche introspective

Pendant que vous vous savonnez, laissez venir à vous vos émotions négatives, vos ruminations, votre stress… Accueillez-les. Puis rincez-vous. Concentrez-vous sur la sensation de l'eau sur votre corps. Imaginez que l'eau nettoie votre état d'esprit. Visualisez toutes les énergies négatives (le stress, la colère, l'inquiétude, la peur, les regrets…) évacuées par l'eau et disparaissant sous vos pieds. Concentrez-vous sur la sensation de libération que procure le contact de l'eau sur votre corps. Observez-la couler, s'écouler, vous quitter… Ressentez votre corps plus léger et lumineux avant de vous enrouler dans votre serviette toute chaude !

Je fais mon artiste !

La créativité n'est pas réservée aux artistes, écrivains et designers, c'est une vraie méthode d'expression qui vous amène à un état de flow, un état où vous vous sentez parfaitement bien, en phase, entièrement absorbée par une tâche passionnante et à la hauteur de vos capacités. Bref, être créative, c'est bon pour le bien-être et la positive attitude, mais ça permet aussi de renouer avec ce qui nous anime réellement !

Ma pause créative

Be creative ! Profitez de ce moment pour ressortir vos pinceaux, colorier des mandalas, écouter de la musique, danser, jouer de la guitare ou du piano. Vous pouvez aussi lire, jardiner, tricoter, et même changer vos meubles de place, car la créativité, c'est faire émerger quelque chose de nouveau, peu importe quoi ! Ne vous mettez aucune barrière ! Soyez créative et kiffez tout simplement.

À midi, je mange en pleine conscience

Le repas est une transition dans votre journée. Cette pause doit vous permettre de partir à l'écoute de vos besoins véritables et de vos sens. N'oubliez pas de manger en pleine conscience !

Je fais un repas complet et équilibré

Ni plus ni moins qu'une belle salade composée ultra tendance, ultra esthétique et ultra gourmande (car les aliments ne sont pas mélangés mais juxtaposés), le buddha bowl est aussi LE repas végétarien sain, équilibré et complet. Il doit contenir des légumineuses (haricots rouges, blancs, noirs, flageolets, fèves, pois chiches, pois cassés, lentilles vertes, corail, jaunes, noires…), des protéines végétales (noix, graines, fruits secs, céréales), des légumes et/ou fruits de saison cuits ou crus… Le principe : servir le tout dans votre plus belle assiette creuse ou votre bol préféré en faisant de belles rangées colorées !

Au menu

- Buddha bowl vegan
- 1 fruit de saison
- 1 tisane digestive (tilleul, anis, verveine, gingembre, fenouil, artichaut…)

Buddha bowl

Ingrédients (pour 1 bowl)

- ½ tasse de quinoa rincé
- ¾ de tasse de pois chiches cuits
- ½ poivron rouge
- le jus d'½ citron
- ½ avocat
- 1 petite poignée de jeunes pousses de saison
- huile d'olive
- vinaigre balsamique
- 1 pincée de sel
- 1 pincée de curcuma
- 1 pincée d'origan
- herbes fraîches au choix

Faites cuire le quinoa dans une casserole avec 1 tasse d'eau. Portez à ébullition et laissez cuire à feu doux jusqu'à évaporation de l'eau. Dans un bol, mélangez les pois chiches avec 1 c. à s. d'huile d'olive, le sel, le curcuma et l'origan. Faites cuire 15 à 20 min à 180 °C – th. 6 (remuez si nécessaire!) jusqu'à la cuisson désirée et laissez refroidir. Retirez les graines du demi-poivron rouge. Mixez le poivron avec 2 c. à s. d'huile d'olive, le jus de citron, des herbes ciselées et du vinaigre balsamique. Mettez le tout à cuire à feu doux jusqu'à consistance souhaitée. Goûtez et ajustez les assaisonnements selon vos préférences. Enfin, assemblez votre buddha bowl dans un bol ou une assiette creuse. Disposez le quinoa au fond. Découpez et disposez l'avocat, les pois chiches ainsi que les jeunes pousses de salade. Arrosez le quinoa de sauce au poivron rouge et décorez votre bowl de graines (sésame, courge, gomasio...)!

Vos sens sont mieux nourris dans le silence!

Coupez votre téléphone, votre tablette, votre ordi et même la musique... Invitez votre esprit à plonger dans le silence, en toute intimité. Profitez de ce moment comme d'un cadeau. Développez vos sens et laissez-vous transporter... Immergez-vous dans l'expérience sensorielle : soyez à l'écoute de votre corps quand il se nourrit (goût, texture, sons de déglutition, par exemple...) et de vos émotions (ennui, fatigue, colère, tristesse, joie, excitation). Des émotions négatives sont souvent à l'origine d'une alimentation déséquilibrée, mais en mangeant en pleine conscience, vous canalisez votre esprit comme en méditation et apaisez ces émotions.

Samedi après-midi : je me régénère!

Habituellement, le samedi c'est la journée folle : shopping, copines, coiffeur, sorties... Aujourd'hui, c'est votre journée slow rien qu'à vous, alors reposez-vous vraiment et régénérez-vous body & mind. Au programme : pleine conscience, calme, silence, mouvements doux...

Je me repose avec du yoga

La demi-chandelle est une position de détente totale du corps et fait partie des postures de récupération en yoga. Elle calme votre système nerveux, booste votre circulation sanguine et diminue toutes les tensions du dos liées au stress de la semaine. En plus de régénérer tout l'organisme, elle aide aussi à abaisser le stress et apaiser le mental!

La demi-chandelle

Allongez-vous sur le dos et installez-vous tranquillement dans votre posture. Levez vos jambes tendues contre un

mur (les os de vos chevilles doivent se toucher). Prenez le temps de bien rectifier votre position pour être confortable (vous pouvez utiliser des couvertures ou un coussin sous votre bassin). Votre bassin doit reposer lourdement et confortablement sur le sol ou les couvertures. Puis concentrez-vous sur votre respiration. Positionnez une main sur votre ventre, l'autre sur la poitrine. Laissez-vous bercer par votre respiration 10 minutes minimum et restez en demi-chandelle aussi longtemps que vous pouvez. Quand vous êtes prête à sortir de la posture, basculez sur un côté, pliez vos genoux sur votre poitrine et revenez en position assise.

Ma pause sophro régénérante

Cette pratique de relaxation douce va vous permettre de vous reconnecter à vous-même et de ralentir. Idéal pour recharger vos batteries et renouveler vos énergies tout en douceur !

Ma relaxation

Assise, les mains sur les cuisses, dans votre espace, loin des bruits et de l'agitation. Prenez quelques profondes respirations et fermez les yeux pour vous isoler du monde extérieur. Avec votre tête, créez des mouvements de haut en bas, de droite à gauche sans suivre aucun ordre précis (ne faites pas forcément des cercles !). Laissez aller votre tête selon ses besoins et en pleine conscience, le plus lentement possible. Ralentissez toujours un peu plus, jusqu'à ce que le mouvement soit à peine perceptible. Ressentez la lourdeur relaxante de votre tête et la légèreté de votre esprit. Continuez autant que nécessaire. Revenez la tête alignée avec votre colonne pour pratiquer quelques respirations profondes avant de rouvrir les yeux.

Mon rituel du thé ressourçant

Ce rituel du thé est un instant zen classique au Japon. Grâce à lui, vous pratiquez encore la pleine conscience, profitez d'un moment intime de beauté et de bonheur. Vous allez savourer le thé, mais également toute la sérénité de cette pratique hors du temps.

Célébrez votre propre cérémonie :

1. Adoptez un petit plateau spécial « rituel du thé », ajoutez-y quelques fleurs, une belle tasse… Arrangez-le pour qu'il soit digne d'une photo Instagram. Observez les couleurs, les ombres et les lumières, les objets qui composent votre plateau. Ressentez les premières émotions positives.
2. Préparez votre thé avec attention et conscience. Sentez l'odeur des feuilles, regardez leur forme et leur déploiement dans l'eau. Ressentez la vapeur d'eau sur votre visage, la chaleur…
3. Sentez le thé au-dessus de la théière. Portez votre attention sur la couleur de l'eau qui change subtilement.
4. Versez le thé lentement. Observez le mouvement de l'eau jusqu'à ce qu'elle devienne complètement immobile.
5. Buvez-le par petites gorgées, comme un rituel sacré de pleine conscience. Ressentez la chaleur de la tasse dans vos mains. Sentez l'odeur qui vient jusqu'à vos narines, l'eau chaude parcourir votre corps…

Soyez totalement attentive à ce que vous faites.

En fin de journée, je m'apaise

En fin de journée, il est bon de se recentrer sur l'essentiel : SOI, pour préparer le corps et l'esprit au coucher, et ça commence tôt. C'est le moment de revenir dans son propre temple, son corps, de sentir toutes les tensions physiques, mentales et émotionnelles s'en aller. Le but : s'ouvrir à une soirée sereine.

Je me réconforte avec la méditation sur la flamme d'une bougie

Tout comme le mouvement de vos émotions, vous allez prendre conscience du mouvement de la flamme. En parallèle, nourrissez-vous de la chaleur apaisante et de toutes les belles énergies de la bougie. Lorsque vous éteindrez votre flamme, profitez-en pour vous libérer de vos émotions ! Vous vous sentirez vite plus détendue.

Let's go !

Installez-vous confortablement dans votre posture de méditation. Allumez une bougie et installez-la face à vous, à environ 1 m de vos

yeux. Prenez quelques profondes respirations et portez toute votre attention sur la flamme. Observez-la, sa couleur, sa forme qui ondule, qui grandit, sa lumière… Elle vous apporte sa chaleur et son énergie. Remerciez cette flamme si fragile et puissante. Profitez pleinement de cette expérience passionnante et apaisante.
Commencez par 5 minutes, puis allongez le temps d'observation au fur et à mesure de vos pratiques !

Je m'apaise avec la salutation à la lune

La salutation à la lune est un enchaînement doux, calme et sensible. Avec toutes ses ouvertures de la cage thoracique, elle libère les tensions physiques, calme l'esprit et les émotions. Elle est apaisante, car vous revenez à votre souffle à travers le mouvement. Elle est parfaite pour vous libérer des insomnies et des tensions. Pratiquez-la après le coucher du soleil pour vous sentir en parfaite harmonie avec l'univers. Pour plus de magie ? Ouvrez vos volets afin d'apercevoir la lune. Tout au long de l'enchaînement, déplacez-vous lentement et en conscience. Idéalement, restez dans chaque posture le temps de 7 respirations profondes.

Étape 1 – La montagne

Debout, dans la posture de la montagne, vos gros orteils joints, les doigts de pieds bien écartés sur le sol. Ressentez votre verticalité, vous êtes bien droite, votre tête alignée avec la colonne vertébrale. Les bras le long de votre corps. Prenez quelques profondes respirations. Fermez les yeux et relâchez votre corps.

Étape 2 – La demi-lune en arrière

Liez vos paumes de main devant le cœur. Inspirez en levant les mains jointes légèrement en arrière. Ouvrez votre cage thoracique. Le visage vers la lune.

Étape 3 – La cigogne

Commencez à expirer lentement en amenant vos pouces sur votre front et en les descendant progressivement jusqu'à toucher le centre de votre cœur. Continuez votre expiration qui accompagne la descente de vos pouces jusqu'au sol. Ouvrez les paumes de vos mains vers la terre. Si vous n'êtes pas très souple, écoutez votre corps et pliez légèrement les genoux (le dos doit rester droit) !

Étape 4 – Le croissant de lune

Inspirez et déposez le pied gauche sur le sol, loin en arrière en pliant naturellement le genou droit. Joignez vos paumes de mains en prière et étirez-les vers le ciel. Ouvrez votre cage thoracique sur chaque inspiration. Expirez lentement en abaissant vos bras. Vous pouvez de nouveau toucher le centre de votre front et le centre de votre cœur avec les pouces… Puis revenez les mains à plat sur le sol.

Étape 5 – Le chien tête en bas

Toujours sur l'expiration, adoptez la posture du chien tête en bas. Vos deux mains sont à plat sur le sol, reculez le second pied et soulevez vos hanches en l'air. Votre corps forme une montagne.

1
2
3
4
5
6
7
8
9
10
11
12

Étape 6 – Le chat

Sur l'inspiration, déposez vos genoux au sol, sous les hanches, pour venir dans la posture du chat, à quatre pattes, les poignets, les coudes et les épaules alignés. En expirant, faites le dos rond et rentrez légèrement votre menton, puis, sur l'inspiration, relevez la tête, poitrine vers l'avant et les épaules relevées.

Étape 7 – L'enfant

Expirez et venez dans la posture de l'enfant : agenouillez-vous sur le sol, vos deux gros orteils se touchant, puis asseyez-vous sur vos talons (vos genoux sont légèrement plus écartés que vos hanches) et déposez votre corps entre vos cuisses, le haut du front contre le sol. Allongez votre coccyx vers l'arrière. Étirez vos bras en avant, mains à plat sur le sol. Laissez tomber vos épaules vers le sol pour étirer vos omoplates. Restez dans cette posture durant quelques respirations.

Étape 8 – Le cobra

Étirez vos jambes vers l'arrière et déposez vos mains sur le sol, sous vos épaules. Collez vos coudes près de votre corps. Appuyez sur les cous-de-pied et les cuisses. Votre pubis reste fermement ancré dans le sol. Et, sur l'inspiration, commencez à appuyer sur vos bras pour redresser votre poitrine. Levez votre visage vers le ciel, poitrine en avant.

Étape 9 – Le chien tête en bas

Sur l'expiration, revenez en chien tête en bas. Vos deux mains sont à plat sur le sol, les deux pieds en arrière et les hanches en l'air. Votre corps forme une montagne.

Étape 10 – Le croissant de lune

Inspirez et déposez le pied droit sur le sol. Pliez naturellement le genou gauche et posez-le au sol pour vous ancrer dans la posture. Joignez vos paumes de mains en prière et étirez-les vers le ciel. Ouvrez votre cage thoracique sur chaque inspiration. Expirez lentement en abaissant vos bras. Vous pouvez de nouveau toucher le centre de votre front et le centre de votre cœur avec les pouces… Puis revenez les mains à plat sur le sol.

Étape 11 – La cigogne

Ramenez le pied gauche vers l'avant, vos deux pieds côte à côte entre vos mains. Relevez vos fesses vers le ciel. Le ventre contre vos cuisses. Vous pouvez légèrement plier vos genoux si nécessaire. Puis inspirez en vous redressant progressivement, vertèbre par vertèbre.

Étape 12 – La demi-lune en arrière

Paumes de mains jointes, étirez-vous en arrière et saluez la lune au-dessus de vous.

Étape 13 – La montagne

Expirez et abaissez vos paumes de mains pour toucher le centre de votre front, puis le centre de votre cœur. Terminez en posture de la montagne. Vous êtes de nouveau debout, pieds joints et gros orteils se touchant. Étirez la colonne vertébrale et allongez le cou. Fermez les yeux et accueillez les sensations de cette posture.

Vous pouvez faire une seule salutation ou la répéter 4 fois, à votre rythme, dans le respect de votre corps.

Mon dîner léger

La préparation du repas est tout aussi essentielle que le repas en lui-même. Prenez le temps de préparer les aliments, les sentir, les toucher, les découper… Au menu, un petit dîner healthy, gourmand et veggie, complet et fortifiant. Un bon combo pour finir la journée en beauté !

Au menu ce soir

- Riz sacré et patate douce au four
- 1 fruit de saison
- 1 carré de chocolat noir (pour le plaisir)

Le riz est un aliment simple et riche en glucides, qui permet au corps de se régénérer. Le riz sacré est une recette traditionnelle indienne qui a tout d'un repas yogique. Grâce à ses épices qui, selon l'ayurveda, énergisent, cette recette fait circuler les énergies. Ça sent tellement bon, et ça fait voyager !

Riz sacré et patate douce au four

Ingrédients (pour 1 personne)

- 1 petite patate douce
- ½ tasse de riz basmati (préférez le semi-complet)
- 3 clous de girofle
- 1 bâton de cannelle
- 4 filaments de safran
- 3 gousses de cardamome concassées
- ½ c. à s. de pistaches
- 2 c. à s. de sucre en poudre
- ½ c. à s. d'amandes effilées
- ½ c. à s. de raisins secs
- huile d'olive
- jus de citron
- 1½ c. à s. de ghee (beurre clarifié)
- sel

Préchauffez votre four à 180 °C (th. 6). Brossez la patate douce sous l'eau et coupez-la en deux dans la longueur. Déposez les deux moitiés dans un plat allant au four. Dans un bol, mélangez de l'huile d'olive et un peu de jus de citron. Versez la préparation sur la patate douce et enfournez pour 45 min. Préparez le riz sacré : faites cuire le riz à feu doux et ajoutez dans l'eau de cuisson les clous de girofle, la cannelle et du sel. Dans une poêle à feu doux, faites infuser le safran dans 1 c. à s. d'eau et ajoutez ensuite les graines de cardamome concassées, les pistaches et le sucre. Quand le sucre est dissous, ajoutez le ghee, les raisins et les amandes et remuez jusqu'à caramélisation des amandes. Versez le tout sur le riz cuit et mélangez. Dans l'assiette, dressez le riz et la patate !

Samedi soir, un moment rien qu'à moi !

On continue de se cocooner ! Vous allez remplir votre cœur d'amour et vous envelopper de douceur. Au programme : bougie, méditation, massage, yoga, respiration, ancrage… Tamisez les lumières de votre maison, mettez de la musique douce, installez-vous dans votre espace…

Je fais un massage ayurvédique

L'ayurveda, la médecine indienne, a une philosophie : prendre en compte le corps et l'esprit, et leur équilibre. C'est pourquoi elle a développé de nombreuses techniques de bien-être, notamment l'abhyanga, un massage qui équilibre l'énergie dans le corps. Vous pouvez vous installer dans votre espace sophro, sur une serviette prévue à cet effet pour vous couvrir d'amour, de douceur, de bienveillance et de bien-être.

Ne confondez pas avec l'huile de sésame noir qui ne convient pas au massage, et si vous ne supportez pas l'huile de sésame, optez pour l'huile de coco !

Mon huile de massage

L'huile de sésame blanc, bio et pressée à froid, convient à toutes les peaux. Faites chauffer votre huile au bain-marie (le massage se fait à l'huile chaude ou tiède). Soyez attentive, l'huile ne doit pas bouillir ! Laissez ensuite refroidir jusqu'à la température de votre corps.

Mon automassage

L'huile est prête, vous pouvez commencer votre massage. Appliquez l'huile sur l'ensemble de votre corps. Massez vos membres longs, jambes et bras, dans la longueur et vos membres arrondis et les articulations avec des mouvements circulaires. Massez énergiquement mais avec douceur, à l'aide de vos paumes de mains. Vous pouvez également masser votre visage avec de légers mouvements circulaires du bout des doigts. Mettez de la bienveillance dans vos gestes, soyez douce, offrez-vous du bien-être… Vous pouvez faire durer ce moment jusqu'à 30 minutes.

Une fois le massage terminé, enroulez-vous dans votre serviette. En attendant que l'huile pénètre en profondeur, continuez à prendre soin de vous : coupez-vous les ongles, épilez-vous les sourcils… Rincez-vous ensuite, sous la douche (attention à ne pas glisser !), avant d'enfiler votre pyjama chouchou.

Je déconnecte avant de m'endormir

Laissez votre téléphone loin de vous (pas d'excuses, vous n'avez pas besoin du réveil demain !). N'allumez pas la télé et encore moins l'ordi ! Préférez une lecture sous la couette. Restez calme et détendue avant de vous endormir. Au besoin, utilisez les rituels sweet dreams (p. 46).

Je pratique *shavasana*

Vous êtes bien détendue et prête à aller vous coucher. Adoptez la posture du cadavre (ne vous fiez pas à son nom un peu glauque). Cette posture de yoga consiste à rester allongée sur le dos. Elle apaise le flot des pensées, permet aussi un ralentissement global du corps et des organes. Vous pourrez pleinement vous recentrer dans cette posture avant de vous glisser sous la couette !

Je trouve ma posture *shavasana* idéale

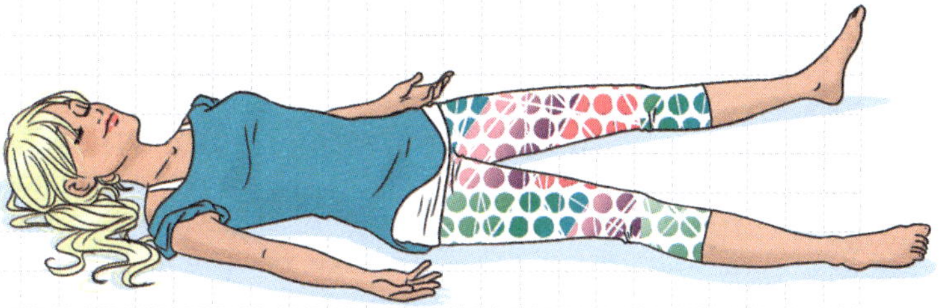

Vous pourriez croire que *shavasana* est la posture la plus simple du yoga… Pourtant, il ne suffit pas de s'allonger sur le dos. Il vous faudra sans doute un peu de temps pour modifier et ajuster votre posture jusqu'à vous sentir complètement alignée. Vous pouvez bouger la tête de gauche à droite pour trouver un axe central, de même avec votre corps tout entier, sans oublier de ressentir la symétrie de vos bras et vos jambes. Une fois bien alignée, confortablement installée, les bras le long du corps, les paumes de mains tournées vers le ciel, relâchez votre corps en vous aidant de la respiration. Inspirez, ressentez votre corps qui se soulève légèrement et, sur le souffle, votre corps qui se dépose au sol. Vous pouvez bâiller, soupirer, souffler pour vous relâcher complètement.

Maintenant que vous êtes bien installée en *shavasana*, dirigez progressivement votre attention sur votre respiration. Inspirez, sentez votre inspiration et le moment où elle s'arrête pour laisser place à l'expiration : ressentez le début de l'expiration, sa progression et sa fin, le va-et-vient de votre souffle (sensations, mouvement du corps, trajet de l'air…). Vous pouvez commencer par 5 minutes dans cette posture, puis progressivement 10, 15, jusqu'à 20 minutes ! Bonne nuit !

***Shavasana*, pas si facile !**
Pas toujours facile de relâcher complètement son corps sans ruminer ou s'endormir… c'est toute la difficulté ! Gardez votre esprit attentif et conscient. Après un peu d'entraînement, vous vous sentirez à l'aise !

Le dimanche matin, je vais à mon rythme

Oubliez le réveil, l'horloge, l'heure… Le dimanche, vivez pleinement à votre rythme. C'est la journée off par excellence qui ne rime pas avec flemme ! Une journée pour savourer tous les petits bonheurs. L'idée ? Se faire plaisir sans aucune frustration !

La consigne pour ce jour?
Le dimanche, c'est sacré! Que ce soit 5 heures du mat ou 11 heures. Laissez votre corps se réveiller naturellement. Retirez votre pyj' et adoptez votre tenue du dimanche (legging de yoga préféré, t-shirt ample et pull chouchou) et laissez votre maquillage au placard. Attachez vos cheveux en coiffé-décoiffé et profitez simplement de la journée en mode cool!

Ma morning routine spéciale dimanche

J'accueille la lumière du jour

Dès votre réveil, prenez le soleil. N'allumez pas la lumière. Levez-vous doucement et ouvrez grand vos rideaux, vos fenêtres et vos volets. Accueillez la lumière naturelle, le soleil et ses rayons ou écoutez la pluie (ça marche aussi!). Fermez les yeux et ressentez la fraîcheur matinale sur votre peau et l'énergie positive du soleil. Pendant quelques minutes, la lumière naturelle va réguler votre horloge biologique et activer la sérotonine (hormone du réveil) pour bien démarrer votre journée!

Je réveille mon corps

Debout, devant votre fenêtre ouverte, étirez-vous librement (suivez votre instinct et vos besoins) sur l'inspiration, et relâchez sur l'expiration. Continuez plusieurs fois, en conscience. Votre respiration vous guide dans vos mouvements.

Je médite sur mon mantra du dimanche matin

On cocoone son corps… et son esprit! Rien de mieux que la gratitude pour chouchouter son mental et passer une journée feel good.

Let's go!

Optez pour un mantra qui remercie la nuit que vous venez de passer, le lever du soleil, ou tout simplement la vie, le bien-être… Sur chaque inspiration, prononcez mentalement votre mantra, et sur chaque expiration, imaginez-le se diffuser dans votre corps tout entier. Good mood garantie!

Dans la matinée, je fais du sport cocooning

Les 5 rites tibétains, mon sport du dimanche matin

Pratiqués par les moines bouddhistes depuis des millénaires dans les hauts plateaux de l'Himalaya, longtemps restés secrets, les cinq tibétains sont une série de 5 petits exercices de yoga, très simples et rapides qui aident à améliorer sa forme physique, sa santé, à mieux gérer le stress et soulager les tensions. En prime : une amélioration de votre respiration et de votre digestion. Bref, un coup de boost général!

Allez-y tout doux, respectez votre corps : commencez par 3 répétitions de chaque mouvement, vous pourrez augmenter progressivement, jusqu'à 21… Entre les exercices, prenez quelques profondes respirations.

1er tibétain : Je relance l'énergie

Debout, bras écartés et paumes de mains tournées vers le sol. Inspirez par le nez, faites un tour sur vous-même à droite et soufflez par la bouche. Enchaînez 3 tours sur vous-même en calant votre respiration sur les mouvements. Revenez dans une position immobile et respirez profondément pour calmer les éventuels tournis !

2e tibétain : Je tonifie mes abdominaux

Allongée sur votre tapis de yoga, les bras le long du corps, paumes de mains au sol. Inspirez profondément par le nez, ramenez votre menton vers la poitrine et montez les jambes tendues à la verticale. À l'expiration, redescendez vos jambes et votre tête. Gardez toujours le bas de votre dos bien collé au sol. Entre deux mouvements, respirez 3 fois profondément et étirez votre corps étendu sur le sol. Répétez 2 fois avec des mouvements fluides. À la fin, restez quelques instants au sol, les mains sur le ventre, et réalisez quelques respirations…

3e tibétain : J'ouvre ma cage thoracique

À genoux, tenez-vous droite, pointes de pieds retournées sur le sol et mains sur les lombaires. Inspirez et basculez la tête en arrière en resserrant les omoplates et en repoussant le bas du dos avec les mains : votre dos se cambre pour former un arc. Sur le souffle, revenez dans votre posture de base, la tête vers la poitrine. Enchaînez encore 2 répétitions à votre rythme, en laissant le mouvement se synchroniser avec votre respiration. À la fin, asseyez-vous sur vos talons, mains à plat sur vos cuisses. Respirez calmement et profondément.

4e tibétain : Je travaille les fesses et les épaules

Assise sur les fesses, jambes tendues devant vous, pieds écartés de la largeur du bassin, positionnez vos mains à plat à côté de vos fesses. Inspirez par le nez, la tête en arrière et levez le bassin en pivotant sur vos bras et en passant sur vos plantes de pieds, genoux en angle droit. Soufflez en revenant dans la position initiale, tête droite et alignée avec votre colonne. En haut, vous pouvez faire une pause en retenant l'air dans vos poumons. Répétez 2 fois.

5e tibétain : Je travaille le dos !

Positionnez-vous comme si vous alliez faire des pompes, pointe des pieds sur le sol, corps tendu face au sol, bras tendus et mains à plat, bien ancrées dans la terre. Inspirez profondément par le nez et montez le bassin en posture du chien tête en bas (p. 71), fesses tirées vers l'arrière et dos parfaitement droit. Sur l'expiration, abaissez votre bassin au sol et étirez votre tête vers l'arrière en posture du chien tête en haut (p. 71), poitrine bombée, épaules basses. Recommencez 3 fois à votre rythme. À la fin, relâchez tout votre corps avec quelques profondes respirations.

Dimanche midi, je suis mon rythme

Le dimanche est la journée cocooning où vous oubliez l'horloge ! Repas mi-petit déjeuner, mi-déjeuner, le brunch vous permet de vous faire plaisir sans vous contraindre à vous lever tôt… Vous allez pouvoir mixer du sucré, du salé, des fruits frais, des tartines, du thé… Le paradis !

Au menu : un brunch !

« Brunch » est la contraction de *breakfast* (petit déj' en anglais) et de *lunch* (déjeuner). C'est tout un concept pour les lève-tard mais aussi pour les lève-tôt gourmandes. Il permet d'associer deux repas pour n'en faire qu'un entre 11 heures et 15 heures, mêlant du sucré, du salé et vos boissons chouchous. Attention aux excès ! Il n'est pas question de manger pour deux, mais de se faire plaisir tout en mangeant sain. Let's cook !

Les recettes sucrées

Pancakes vegan à la banane

Ingrédients (pour 5 pancakes)

- 1 banane bien mûre
- 16 cl de lait végétal
- 130 g de farine (petit épeautre, épeautre, coco, riz ou blé)
- 1 c. à s. de sucre (coco, rapadura, brun)
- huile végétale

Écrasez la banane à la fourchette, ajoutez le lait végétal et mélangez. S'il reste des grumeaux, ce n'est pas grave. C'est meilleur ! À part, mélangez la farine et le sucre, puis amalgamez au mélange banane-lait. Faites cuire chaque pancake à feu doux dans une petite poêle huilée jusqu'à ce qu'il se décolle légèrement et retournez-le à l'aide d'une spatule. Servez nature ou avec du sirop d'érable, d'agave, du miel ou des fruits !

Granola maison

Ingrédients

- 300 g de flocons d'avoine
- 120 g de fruits à coque, noix et graines (noix, amandes, courge, lin, noisettes, pécan…)
- 1 c. à s. de cannelle moulue
- 1 c. à s. de purée d'oléagineux
- 100 g de sucre liquide (miel, agave, érable…)
- 100 g de compote de pommes sans sucre ajouté
- 1 c. à s. d'huile végétale

Préchauffez votre four à 180 °C (th. 6). Mélangez les flocons d'avoine, les fruits à coque, les graines et la cannelle. Dans une casserole à feu doux, mélangez le sucre liquide, la compote de pommes et l'huile jusqu'à ce que le mélange devienne liquide. Versez celui-ci sur le mélange de flocons d'avoine et mélangez bien le tout. Étalez la préparation sur une plaque de cuisson et enfournez pour 20 min environ. Mélangez plusieurs fois la préparation pendant la cuisson pour que ça dore uniformément (et pour éviter que ça brûle) ! Dès que votre granola est doré, il est prêt ! Attendez juste qu'il refroidisse avant de le transférer dans un bocal en verre et le déposer sur votre table dominicale !

Banana boat

Ingrédient (pour 2 tartines)

- 1 banane
- 1 c. à s. de beurre de cacahuètes ou de yaourt nature végétal
- fruits secs et noix au choix (amandes, noisettes, cajou…)

Le banana boat, la nouvelle tendance !
Le principe : une petite tartine directement sur la banane ! C'est vite fait, sain et joli. Petite recette à réaliser selon votre goût et vos envies, les possibilités sont infinies !

Épluchez la banane et coupez-la en deux dans la longueur. Étalez un peu de beurre de cacahuètes ou du yaourt nature directement sur la face interne et parsemez de quelques fruits secs et noix concassées. Pour les gourmandes, que diriez-vous de quelques pépites de chocolat ?

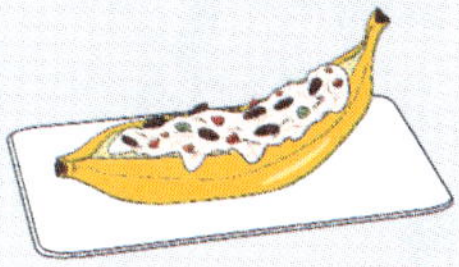

Les recettes salées

Verrine de betterave colorée, vegan et gluten free

Ingrédients (pour 6 verrines)

- 240 g de tofu soyeux
- 160 g de betterave cuite
- ½ gousse d'ail
- 1 petit bouquet de ciboulette
- quelques noix concassées, jeunes pousses pour la déco

Mixez tous les ingrédients et versez la préparation dans des verrines. Mettez au frais. Au moment de servir, parsemez de quelques noix concassées, de jeunes pousses ou de ciboulette. En plus d'être bonne, cette recette est hyper légère, enjoy !

Tartines à l'avocat

Ingrédients (pour 2 tartines)

- 1 avocat bien mûr
- quelques gouttes de citron
- 2 tranches de pain aux céréales

Pelez et mixez l'avocat et ajoutez quelques gouttes de citron. Goûtez au fur et à mesure pour doser le citron selon votre goût ! Grillez le pain aux céréales et tartinez d'avocat. Vous pouvez concasser quelques noix de cajou et les déposer sur vos tartines. Effet garanti !

Houmous

Ingrédients

- 1 boîte de pois chiches déjà cuits (240 g)
- 2 gousses d'ail
- 2 c. à s. de tahin
- le jus d'½ citron
- huile d'olive
- épices : cumin, paprika…
- 1 poignée de persil

Mixez tous les ingrédients et ajoutez l'huile d'olive et les épices au fur et à mesure à votre convenance. C'est déjà prêt ! Servez sur des tartines avec de l'oignon confit et des graines de sésame par-dessus.

Pensez à ajouter quelques fruits, jus frais bio et de saison, des boissons chaudes et du pain (complet, aux fruits secs, aux noix) sur votre table de brunch avant de passer à table !

Oignons confits

Ingrédients (pour 1 pot)

- 6 gros oignons
- 100 g de sucre en poudre
- 4 c. à s. de vinaigre balsamique
- 1 c. à s. d'huile d'olive

Épluchez les oignons et émincez-les finement. Faites-les revenir à feu doux dans l'huile d'olive jusqu'à ce qu'ils deviennent translucides. Versez le sucre et le vinaigre. Laissez cuire à feu doux et mélangez jusqu'à l'évaporation du vinaigre, environ 20 min. Servez en tartines sur du houmous.

Dimanche après-midi, je me mets au vert, en mode slow

Se promener en forêt, on adore ça, mais depuis quelques années, on a compris pourquoi ! Les arbres ont des pouvoirs magiques : ils sont antistress, stimulent le système immunitaire… Tout ça grâce à des molécules comme des huiles essentielles qu'ils rejettent dans l'air et qui agissent sur nous. Des études ont également montré que la couleur verte a un effet apaisant. Cet après-midi, laissez les arbres vous cocooner !

Je prends un bain de forêt pour éclaircir mon esprit

La tendance japonaise du *shinrin yoku* (« bain de forêt ») a fait de la forêt une méthode feel good. Il s'agit de pratiquer la méditation de pleine conscience dans les bois. On porte son attention sur chacun de ses 5 sens avec la forêt pour support, et ça fait du bien ! Si vous n'avez pas de forêt toute proche, trouvez simplement un espace vert (parc, lac, jardin…). Cela va vous permettre de ralentir, de vous détendre, de vous recentrer sur vous-même et de renouer avec la nature. Vous pouvez marcher quelques kilomètres ou simplement vous tenir immobile dans la forêt et contempler le paysage tout autour de vous.

Je pratique la visualisation en forêt

Effectuez votre promenade en silence et profitez-en pour trouver un endroit qui vous plaît et vous y installer pour pratiquer votre exercice. Assise dans votre posture de méditation, contemplez un paysage. Celui que vous préférez. Observez-le dans ses moindres détails : les couleurs, les lumières et les ombres, mais également les reliefs, les mouvements…

Laissez-vous absorber. Fermez les yeux. Recréez cette image dans votre esprit. Portez attention à tous les nouveaux détails qui surgissent dans votre visualisation. Si votre esprit est distrait par des bruits extérieurs, revenez très tranquillement à ce lieu. Au début, fixez-vous 2 minutes de visualisation et peu à peu augmentez votre temps de pratique. Ainsi, vous vous ancrez pleinement dans l'instant. Vous voyez, la sophro est partout !

Dimanche en fin de journée, je prends soin de mon corps…

Déjà la fin du week-end ! Vous voulez faire perdurer ce moment de bien-être ? C'est normal ! Avant de faire le bilan et de plonger dans une nouvelle semaine, quoi de mieux que de se cocooner à son rythme, encore et encore ? Commencez par prendre un bain aux huiles essentielles, avant un bon dîner so veggie…

Je prends un bain aux huiles

Le bain est un excellent moment de bien-être. Mais autant joindre l'utile à l'agréable et opter pour un bain relaxant et apaisant. Vous pouvez utiliser l'huile essentielle de lavande vraie (calmante et relaxante), l'orange douce (rééquilibrante), la camomille romaine (antistress et antalgique) et même l'huile essentielle de néroli (positivante). Utilisez une seule huile ou un mélange selon vos envies : environ 15 gouttes à diluer dans un dispersant (les HE ne sont pas miscibles dans l'eau). Utilisez votre savon liquide préféré (le creux d'une main), du miel liquide (1 c. à s.) pour un bain gourmand, du sel d'Epsom (1 grosse poignée) pour un bain ultra relaxant. Mélangez les huiles essentielles et l'excipient avant de verser le mélange dans votre bain bien chaud. N'oubliez pas d'allumer quelques bougies, de vous munir de votre livre préféré et même de votre tisane chouchou !

Mon dîner doudou

Ce soir, c'est grignotage sain & veggie, à votre rythme ! Idéal pour se faire plaisir un dimanche soir sans trop se prendre la tête. Vous adopterez très vite les rolls so veggie, faciles et rapides…

Au menu…

- Rolls so veggie
- Mon dessert chouchou

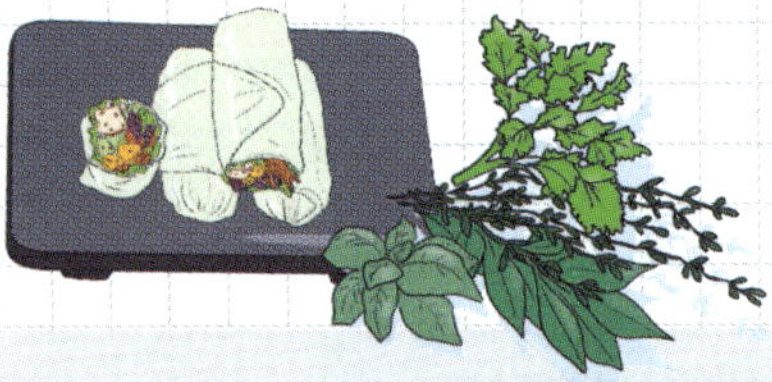

Rolls so veggie

Ingrédients

Pour la sauce cacahuètes-coco :

- 1 gousse d'ail
- 1 c. à s. de gingembre frais râpé ou en poudre
- 1 c. à s. d'huile de sésame
- 2 c. à s. de lait de coco
- 2 c. à s. de tamari
- 1 c. à c. sirop d'agave
- ¼ de tasse de beurre de cacahuètes
- 3 c. à s. de jus de citron (vert de préférence !)

Pour les rolls veggie (à voir selon votre faim !) :

- feuilles de riz (1 feuille = 1 rouleau de printemps)
- vermicelles de riz
- 1 carotte
- 1 avocat
- salade de saison
- 1 poignée de cacahuètes à concasser
- Must : menthe, concombre, chou rouge, betterave râpée, fleurs comestibles, laissez-vous tenter par vos envies !

Pelez et pressez l'ail. Mélangez le tout dans un bol avec un fouet jusqu'à obtenir une sauce crémeuse. Ajoutez un peu d'eau pour diluer si besoin. Pour la déco, vous pouvez parsemer votre sauce de quelques graines de sésame.
Faites cuire les vermicelles dans une casserole d'eau bouillante. Rincez-les (ce n'est pas grave s'ils collent). Réservez-les. Lavez et rincez les légumes, râpez-les assez épais pour garder le croquant. Coupez l'avocat en lamelles.
Remplissez une assiette creuse d'eau tiède pour ramollir les feuilles de riz : passez-les une par une dans l'eau. Manipulez les feuilles de riz avec délicatesse (elles se déchirent facilement !). Sur 1 feuille de riz à plat, déposez au centre un peu de salade, des vermicelles de riz, puis des carottes rapées, 1 lamelle d'avocat et quelques cacahuètes concassées avant de refermer : repliez les côtés sur votre garniture, puis roulez serré. Vous n'avez plus qu'à répéter l'opération pour les autres rouleaux !

Dimanche soir, je fais le bilan de mon week-end feel good

Pour prolonger votre week-end feel good, rien de mieux qu'une belle soirée de journaling ! À votre carnet pour y exprimer votre gratitude pour ce beau moment ! Cela prolongera votre bien-être, l'ancrera, tout en vous motivant à reproduire ce week-end régulièrement. C'est aussi une chouette routine pour vous endormir heureuse !

C'est l'heure du bilan

Ouvrez votre petit carnet. Commencez par vous pardonner. Laissez venir à votre esprit vos regrets, vos hontes, vos culpabilités, vos torts… Et sans trop réfléchir, sans vous juger, sans rien contrôler, écrivez-les pour vous en libérer. Laissez venir les émotions, ce n'est

pas grave, ne vous en voulez pas. Exprimez-vous. Puis, écrivez le mot « pardon ». Ressentez un profond pardon pour vous-même. Faites de même avec le mot « Merci » et puis « Je t'aime ». Tout ce que vous avez fait ce week-end nourrira votre gratitude et votre estime de vous. Pensez à tout le bien-être que vous a offert votre corps, à tout l'amour que cela fait naître en vous. Voilà, vous êtes libérée des émotions négatives que vous entreteniez avant le week-end et vous vous ouvrez à l'amour inconditionnel.

Je fais un voeu pour le futur

Durant tout le week-end, vous avez pris conscience du bien-être et de l'amour que vous pouvez vous apporter. Vous avez pris conscience que vous le méritiez, et avez appris comment en profiter. Alors ne vous arrêtez pas là ! Posez des intentions pour changer, pour avancer vers une version plus sereine de vous-même, plus à l'écoute de votre corps, en harmonie.

Ma lettre d'intention

Prenez une page blanche et un stylo. Décrivez la personne que vous êtes aujourd'hui : votre état d'esprit, vos attentes, vos besoins, vos peurs, vos doutes… Puis projetez-vous et tentez d'expliquer la personne que vous voudriez devenir dans quelques mois ou quelques années (être plus attentive à votre corps, accueillir vos émotions, vous affirmer de manière positive et bienveillante, ouvrir votre cœur à vous-même, aux autres et au monde, vous permettre d'être enfin vous-même…). Pliez la feuille et conservez-la bien précieusement. Vous pouvez la glisser entre deux pages de votre livre de chevet. Programmez une alarme dans un an. Vous prendrez plaisir à vous relire, à observer votre cheminement, votre évolution. N'ayez pas peur… Vos intentions auront forcément agi dans votre vie !

Je m'endors heureuse

Avec cette lettre, vous débordez de belles énergies. Il ne reste plus qu'à vous endormir sereinement, heureuse et confiante en l'avenir. Le training autogène de Schultz (méthode de relaxation par la force de la pensée et de formules) va vous relaxer en quelques minutes. Demain est le début de votre nouvelle vie 100 % feel good !

Je relâche tout mon corps

Vous pouvez pratiquer debout, assise ou allongée, dans une position confortable. Commencez par répéter 5 fois mentalement : « Mon bras droit est lourd », puis continuez avec : « Mon bras gauche est lourd », « mon bras droit et mon bras gauche sont lourds ». Poursuivez avec la partie basse de votre corps : « Ma jambe droite est lourde », « ma jambe gauche est lourde », « ma jambe droite et ma jambe gauche sont lourdes ». Continuez à votre rythme : « Mes deux bras et mes deux jambes sont lourds » et : « Tout mon corps est lourd ».

Je réchauffe tout mon corps

De la même manière, réchauffez votre corps en modifiant votre formule : « Mon bras droit est chaud », « mon bras gauche est chaud », « mon bras droit et mon bras gauche sont chauds », puis les jambes et votre corps tout entier : « Tout mon corps est chaud, agréablement chaud »…

Je me connecte à mon coeur

Portez attention aux battements de votre cœur. Vous pouvez placer votre main au niveau de votre cœur et continuer le training autogène de Schultz. Prononcez 5 fois : « Mon cœur bat, calme et fort. »

Je me connecte à mon souffle

Concentrez-vous sur votre respiration et laissez-vous aller à votre rythme respiratoire. Répétez : « Je suis toute respiration »… Connectez-vous profondément à votre souffle.

Je me connecte à mon corps tout entier

Pour terminer, connectez-vous à votre corps tout entier et trouvez une harmonie profonde en vous répétant 5 fois : « Je suis tout à fait calme, mon corps est lourd et agréablement chaud. »
Bonne nuit & soyez heureuse ever after !

Carnet d'adresses

L'auteure

- **www.paulinevaldairon.com :** des ateliers et stages à thème, des programmes et accompagnements en consultation sur place ou en ligne
- **Sur instagram :** @paulinevaldairon

Pour aller plus loin

- **Petit bambou :** l'appli leader de la méditation de pleine conscience, qui propose maintenant de la sophro !
- **Myyogaconnect :** plus de 300 cours de yoga en ligne

Blogs & girls inspirantes

- **Bienveillance et délicatesse :** www.adesa-yoga.com
- **Révéler sa puissance féminine :** www.feminiteetspiritualite.com
- **Yoga et ayurveda :** www.lepalaissavant.fr
- **Développement perso et spiritualité :** www.bonheuraunaturel.com
- **Pétillante autodictate et connectée :** www.orelie.net
- **Inspirée et inspirante :** www.iliarenon.com
- **Belles énergies lunaires :** www.latisanieretatouee.wordpress.com
- **Bien nourrir son corps :** www.elodieleclercq.com
- **Cultiver sa santé :** www.healthycharly.com
- **Renouer avec son féminin :** www.renoueravecsonfeminin.fr
- **Guérison holistique :** www.anneclairemeret.com
- **Lifestyle et feel good :** www.easyblush.fr

S'inspirer dans les magazines

- Le magazine *Respire* pour créer du temps pour soi
- *Happinez*, le premier mindstyle magazine
- *Féminin bio*, le féminin qui change la vie
- Druidéesse, pour réveiller ses sens avec des recettes et rituels
- De la spiritualité et du lifestyle avec *Yoga magazine*
- Bien se nourrir, bien se soigner avec *Naturelles magazine*

Bibliographie

Sophrologie, méditation & développement perso

- *Initiation à la sophrologie*, Patrick-André Chéné, Ellebore, 2015.
- *Pratiquer la sophrologie au quotidien*, Catherine Aliotta, InterÉditions, 2012.
- *Le Pouvoir du moment présent*, Eckhart Tolle, J'ai lu, 2010.
- *Les Quatre Accords toltèques*, Don Miguel Ruiz, Jouvence, 2018.
- *Écoute ton corps*, Lise bourbeau, ETC, 1999.

Yoga

- *L'Encyclopédie du hatha yoga*, André Van Lysebeth, Flammarion, 2016.

Féminin sacré & lune

- *Lune rouge. Les forces du cycle féminin*, Miranda Gray, Macro, 2017.
- *La Puissance du féminin*, Camille Sfez, Leduc. S, 2018.
- *Femme désirée, femme désirante*, Danielle Flaumenbaum, Payot, 2017.
- *Mon cahier Lune*, Aurore Widmer, Solar, 2018.

Santé & bien-être

- *Ma bible des huiles essentielles*, Danièle Festy, Leduc. S, 2018.
- *Yoga cookbook*, Garlone Bardel et Anne-Claire Meret, Ulmer, 2017.
- *Dis-moi où tu as mal, je te dirais pourquoi*, Michel Odoul, Albin Michel, 2002.
- *Vegan*, Marie Laforêt, La Plage, 2014.

Remerciements

Un grand merci à Nino, mon fils. Sans lui, la sophrologie ne serait pas entrée dans ma vie. Merci à mes formateurs, mes clients et mes élèves pour leur confiance. Merci à toutes celles qui liront ce livre et qui me permettent de rayonner ! Je remercie tout particulièrement Gwladys des éditions Solar pour m'avoir proposé ce projet d'écriture. Merci à la vie pour tout le reste.

Mon cahier minceur
Mon cahier minceur
Mon cahier minceur
Mon cahier Ma grossesse et moi
Mon cahier Mon bébé et moi
Mon cahier Ventre plat
Mon cahier Ventre plat
Mon cahier La drague et moi
Mon cahier Le sexe et moi
Mon cahier 100% anti-âge
Mon cahier Détox
Mon cahier Yoga
Mon cahier Running
Mon cahier Abdos-fessiers
Mon cahier Veggie
Mon cahier Mon dressing idéal
Mon cahier Brûle-graisse
Mon cahier Pensée positive
Mon cahier Anti-stress
Mon cahier Forme et minceur après bébé
Mon cahier Régime paléo
Mon cahier Pilates
Mon cahier Beauté
Mon cahier Digital détox
Mon cahier Stop au sucre
Mon cahier Sans gluten
Mon cahier Fitness
Mon cahier Mincir avec la médecine chinoise
Mon cahier Yoga détox
Mon cahier Aquafitness
Mon cahier Beach body
Mon cahier Green détox
Mon cahier Body training
Mon cahier Régime tout cru
Mon cahier Méditation
Mon cahier Huiles essentielles
Mon cahier Boxe training
Mon cahier Mon chat & moi
Mon cahier Rangement feel good
Mon cahier Trail running
Mon cahier Yoga méditation
Mon cahier Soft fitness
Mon cahier Body minceur
Mon cahier Hair beauty
Mon cahier Jolie peau
Mon cahier Fitness food
Mon cahier Danse pilates
Mon cahier Hygge happy thérapie
Mon cahier Yoga sculpt
Mon cahier Tatouage
Mon cahier Yoga flow
Mon cahier Obstacle training
Mon cahier Perfect timing
Mon cahier Super organisée
Mon cahier Mon bullet agenda
Mon cahier Bullet agenda
Mon cahier Minceur healthy
Mon cahier Minceur zéro sucre
Mon cahier Stop smoking
Mon cahier Ayurveda
Mon cahier Vélo training
Mon cahier Défi voyage solo
Mon cahier HIIT
Mon cahier Cristal power
Mon cahier Macadamtraining
Mon cahier Objectif minceur en 12 semaines
Mon cahier Mes 100 modèles bullet agenda
Mon cahier Bain de forêt
Mon cahier Attitude body positive
Mon cahier Pilates intensif
Mon cahier Pilates booty
Mon cahier Rituel power
Mon cahier Lune
Mon cahier Massage
Mon cahier Ikigai
Mon cahier Objectif minceur en 12 semaines
Mon cahier Mariage
Mon cahier Green power
Mon cahier Sophro
Mon cahier Objectif en 12 semaines
Mon cahier Pilates minceur
Mon cahier Gainage
Mon cahier Zéro déchet
Mon cahier Tarot
Mon cahier Objectif bikini en 12 semaines
Mon cahier Fit & green
Mon cahier Cardio-pilates
Mon cahier Huiles essentielles au féminin
Mon cahier Good vibes
Mon cahier Objectif budget en 12 semaines
Mon cahier Objectif en 12 semaines
Mon cahier 2020
2020

LES BEAUTIFUL GIRLS,
C'EST TOUTE UNE COMMUNAUTÉ !

Retrouvez plein de bonus, de conseils feel good,
des recettes, des trainings,
et des actus tendance **MADE BY MON CAHIER !**

Un lieu rien que pour vous :
http://mylifeisbeautiful.fr/

Une communauté de filles stylées :
VOUS DÉCHIREZ

mylifeisbeautiful.fr mylifeisbeautiful.fr

Direction : Jean-Louis-Hocq
Direction éditoriale : Marion Guillemet-Bigeard
Édition : Gwladys Greusard
Correction : Christine Cameau
Conception et mise en couleur de la couverture : Stéphanie Brepson
Conception des cartes : Sophie Delannoy
Mise en pages : Nord Compo
Fabrication : Laurence Duboscq

FSC MIXTE Papier issu de sources responsables FSC® C003309 www.fsc.org

ISBN : 978-2-263-15776-9
Code éditeur : S15776P/03
Dépôt légal : janvier 2019

Imprimé en France par Clerc
94, rue de la Brasserie, 18200 Saint-Amand-Montrond

SolarEditions
solar_editions

mylifeisbeautiful.fr
mylifeisbeautiful.fr

http://www.mylifeisbeautiful.fr/

Solar, un département d'Édi8
92, avenue de France, 75013 Paris